LA REVUE DES LETTRES MODERNES

collection fondée et dirigée par Michel MINARD

les carnets bibliographiques de la revue des lettres modernes

Série éditée (1983–1993) par Peter C. HOY †

C. F. RAMUZ

œuvres et critique 1982–1988

et compléments 1921–1939 à la bibliographie Bringolf-Verdan

par Gérard POULOUIN

LETTRES MODERNES

67, rue du Cardinal-Lemoine — 75005 PARIS

1993

Par principe, nous respectons les formes des libellés telles qu'elles figurent dans les textes édités. D'où certaines disparités typographiques possibles entre les descriptions de première main que nous donnons de certains titres et les relevés de recensions que nous en donnons. D'où aussi certaines bizarreries d'orthographe dans les transcriptions des noms propres que nous respectons au vu des documents que nous relevons (un N* à la place du prénom indique que celui-ci n'est pas précisé dans le texte ou le support d'origine), toutefois, lorsqu'une preuve formelle ou un renseignement direct nous apportera la certitude d'une coquille, nous rectifierons les orthographes fautives, préférant ne pas propager des erreurs regrettables pour la recherche, dût l'art pour l'art bibliographique en subir quelque entorse.

MÉMENTO

Les données sont réparties en deux grands groupes de chronologies :

— celle des *œuvres* (de l'auteur étudié) réparties à l'intérieur de rubriques codées :

A œuvres originales publiées de façon autonome

B œuvres autonomes d'un auteur autre, ouvrages collectifs reprenant des textes (anthologies) ou comportant des contributions de l'auteur étudié (préfaces, introductions, notices, présentations, postfaces)

C publications dans des revues d'écrits de l'auteur ou de ses propres collaborations à des périodiques

D interviews ou propos de l'auteur

E traductions étrangères faites des œuvres de l'auteur quelle que soit la nature du support

F cinéma, théâtre, télévision, disques, bandes, cassettes

toutes autres catégories étant précisées à l'occasion. Les renvois à ces œuvres seront faits : au nom de l'auteur étudié, suivi de l'année (réduit à ses deux derniers chiffres s'il n'y a pas d'ambiguïté), de la lettre code de rubrique et du numéro d'ordre dans cette rubrique.

— celle de la *critique,* avec éventuelle mention d'une ventilation entre domaines linguistiques selon la langue dans laquelle sont *rédigés* les articles ou études mentionnés. Les articles anonymes sont classés en tête des années dans l'ordre alphabétique des titres des supports. Les lieux de publication des périodiques (éventuellement leur cote dans une grande bibliothèque pour les collections peu répandues) seront mentionnés dans les Index cumulatifs des périodiques ; ils ne sont précisés dans le corps des rubriques qu'en cas d'homonymie patente. Un gros point noir ● en tête de rubrique signale les volumes ou les périodiques intégralement consacrés à l'auteur étudié. Les renvois à ces critiques seront faits : à l'année, suivie du nom du critique servant de rubrique alphabétique à l'intérieur de chaque année.

Carnet bibliographique C. F. Ramuz

Œuvres et critique (toutes langues) 1982–1988
Œuvres et critique (toutes langues) compléments 1921–1939

La présente bibliographie couvre les années 1982–1988 et apporte pour les années 1921–1939 divers compléments à la bibliographie de l'œuvre de C. F. Ramuz élaborée par Théophile Bringolf et Jacques Verdan.

Gérard POULOUIN

Pour la rédaction de cette bibliographie nous avons bénéficié du concours de Jean-Louis Pierre, président de l'association « Les Amis de C. F. Ramuz » et de Lucia Pelagatti, de l'Istituto Carlo Tincani de Bologne. Nous les remercions vivement.

ŒUVRES

1982

82A1

La Grande peur dans la montagne. Paris, Librairie Générale Française, 1982. 186 p. (Coll. « Le Livre de poche », n° 2474).

Réédition en 1985, 1986, 1987.

82A2

Nouvelles, croquis et morceaux. 1904–1908. Genève, Slatkine, 1982. 266 p.

Présentation de Doris JAKUBEC, pp. 3–5.
Notes bibliographiques, p. 6.

82A3

Passage du poète, précédé de *Le Petit village* et *Adieu à beaucoup de personnages.* La Croix-sur-Lutry, Plaisir de lire, 1982. 231 p.

82A4

Un Vieux de campagne et autres nouvelles. La Croix-sur-Lutry, Plaisir de lire, 1982. 146 p.

82C1

« Le Chevrier est revenu », *Bulletin de la Fondation C. F. Ramuz,* an. 1982, pp. 11–4.

Reprend le texte de 1913 paru dans *Le Journal de Genève* (25 mars). Reproduction de la première page du manuscrit.

82C2

« Posés les uns à côté des autres », *Les Amis de C. F. Ramuz,* Bulletin n° 2, 1982, pp. 13–7.

Reprend le texte daté du 30 mars 1947 paru dans *Du* (n° 3, mars 1954) sous le titre « La Passade ».

82C3

[Trois lettres,] *Les Amis de C. F. Ramuz*, Bulletin n° 2, 1982, pp. 10-1.

Une lettre datée du 4 févr. 1932 adressée à Jehan Kappès-Grangé en réponse à une demande de dédicace.
Deux lettres adressées à Nicolas Rouch à propos de *Terre du ciel*, l'une est datée du 15 oct. 1921, l'autre du 28 oct. 1921.

82E1

[*La Grande peur dans la montagne*] *Di Grossi Angscht i de Bärge*. I ds Bärndütsche übertreit vom H. U. SCHWAAR. Mit Zeichnige vom Peter BERGMANN. Ostermundigen-Bern, Viktoria Verlag, 1982. 173 p.

Traduction en dialecte bernois.

82E2

[*Farinet ou la fausse monnaie*] *Farinet il falsario*. Traduzione di Cesare LUPO. Milano, Jaca Book, 1982. 197 p. (Coll. « Già e non ancora », Fiction, 25).

82E3

[*Journal 1896–1942, Fin du journal 1942–1947*] *Tagebuch 1896–1947*. Deutsch von Elisabeth ISLE und Ferdinand HARDEKOPF (1896–1942) und Ursula VON WIESE und Christine MAEDER-VIRAGH (1942–1947). Fauenfeld, Huber, 1982. 432 p.

Sur la réception de cette traduction, voir 1983 BURGAUER, HARTLING, HEISSENBUTTEL, HOFMANN, HUONKER.

82E4

[*Si le soleil ne revenait pas*] *Se non tornasse il sole*. Traduzione di Cesare LUPO. Milano, Jaca Book, 1982. 169 p. (Coll. « Jaca letteraria », 3).

Présentation du roman par Giovanni RABONI, pp. 1–5.

82E5

[*Si le soleil ne revenait pas*] *Wenn die Sonne nicht wieder-k   käme*. Aus dem Franz. von Johannes GUGGENHEIM. Zürich, Unionsverlag, 1982. 137 p.

Voir 1982 KAPPELER.

82E6

[*Vues sur le Valais*] *Wallis*. Täler und Berge. Texte von Maurice CHAPPAZ, Emil EGLI und C. F. RAMUZ. Aufnahmen von Edmond VAN HOORICK. Frauenfeld, Huber, 1982. 164 p.

82F1

Les Associations Pro Arte d'Annecy et le Festival de Yenne présentent : Jean-Roger Caussimon dans *L'Histoire du soldat* de Stravinsky et Ramuz. Mise en scène, scénographie et costumes de Jaromir KNITTL, avec Marc BRUEDER, Jacques VASSY, Emmanuel DEPOIX... Annecy, 1982. 12 p., ill.

82F2

Histoire du soldat, parlée, jouée et dansée. Musique d'Igor Stravinsky. Représentation donnée en septembre 1982 par les marionnettistes de la Puppenbühne Monika Demenga/Hans Wirth et l'ensemble de la Tour Marsens. Paris, Éditions Dell' Arte — Carré Silvia Montfort, 1982. 23 p., ill.

82F3

La Taille de l'homme. Concert donné le 16 octobre 1982 en l'honneur d'Igor Markevitch sous le patronage de la Fondation C. F. Ramuz et de l'Association Arts et Lettres de Vevey. Vevey, 1982. 14 p.

1983

83A1
Aline. La Croix-sur-Lutry, Plaisir de lire, 1983. 102 p.

83A2
Jean-Luc persécuté. Lausanne, L'Âge d'Homme, 1983. 149 p. (Coll. « Poche suisse », n° 25).

83A3
Nouvelles, croquis et morceaux. 1909–1912. Genève, Slatkine, 1983. 268 p.

> Présentation de Doris JAKUBEC, pp. 1–4.
> Notes bibliographiques, pp. 5-6.
> Voir 1983 MARTIN, PASQUALI.

83A4
Nouvelles, croquis et morceaux. 1913–1920. Genève, Slatkine, 1983. 257 p.

> Présentation de Doris JAKUBEC.
> Notes bibliographiques.

83A5
Poésies. Lausanne, L'Aire, 1983. 113 p. (Coll. « Lettres d'or », n° 4).

> Préface de Jacques CHESSEX, pp. 7–12.
> Le volume réunit les *Petits poèmes en prose* (pp. 15–32), *Le Petit village* (pp. 35–91), *Chansons* (pp. 95–112).

83A6
Les Servants et autres nouvelles. La Croix-sur-Lutry, Plaisir de lire, 1983. 136 p.

83A7
Vie de Samuel Belet. La Croix-sur-Lutry, Plaisir de lire, 1983. 350 p.

83B1

[Jean Clerc,] pp. 27–30 in *Jean Clerc ou l'élection précoce.*
Lausanne, L'Âge d'Homme, 1983. 155 p. (Coll. « Le
Bruit du temps »).

Reprend un texte publié dans *Jean Clerc (1908–1933)* (Lausanne, Éditions Romanes chez Charles Bonnard, 1934).
Voir 1983 CLERC.

83B2

[Deux poèmes,] pp. 230–2 in *Anthologie de la poésie française du XXe siècle de Paul Claudel à René Char.* Édition de Michel DÉCAUDIN. Paris, Gallimard, 1983.
490 p. (Coll. « Poésie/Gallimard »).

Poèmes extraits de *Le Petit village* : « Ce jour-là, quand je t'ai vue... », « *Le Jour de notre noce...* ».
Notice consacrée à Ramuz, p 469.

83C1

« Correspondance C. F. Ramuz — Albert Béguin (compléments) », pp. 184–7 in *C. F. Ramuz 1 : " Études ramuziennes"* (Paris, Lettres Modernes, 1983. [Coll. « La Revue des lettres modernes »]).

Six lettres datées 21 janvier 1939, 7 juin 1939, 26 nov. 1940, 3 oct. 1941, 29 oct. 1941, 28 avril 1942.
Notes de Jean-Louis PIERRE, p. 184.

83C2

[Le Suisse à Paris,] pp. 191–4 in *C. F. Ramuz 1 : " Études ramuziennes".*

Brouillon inédit présenté par Jean-Louis PIERRE, p. 190.

83C3

[Salutation au lac,] pp. 195–200 in *C. F. Ramuz 1 : " Études ramuziennes".*

Brouillon inédit présenté par Jean-Louis PIERRE, p. 140.

83C4

[La Taille de l'homme,] pp. 201–3 in *C. F. Ramuz 1 :
" Études ramuziennes"*.

> Texte de la partition élaborée par Igor MARKEVITCH. Cette œuvre,
> fruit de la collaboration de Ramuz et de Markevitch, est restée
> inachevée ; elle a été créée le 13 février 1982 à Amsterdam.
> Sur cette première mondiale, voir 1981 POGET, 1982 COEN.

83C5

[Brouillon d'une lettre à Henry Poulaille,] *Les Amis de
C. F. Ramuz*, Bulletin n° 3, 1983, pp. 55–9.

> Fac-similé d'une lettre datée du 9 mars 1925 publiée dans la
> revue *Créer* (mars 1925) [Bibl. B.V. 1176].

83C6

[Dédicace à Monsieur Pierre Walzer,] p. 50 in *28 août
1982* (Porrentruy, Éditions du Pré-Carré, 1983).

> Reproduction d'une dédicace de Ramuz datée : « *Pâques 1942* »
> dans un recueil de textes en hommage à P.-O. Walzer qui a reçu
> le 28 août 1982 le Prix des Arts, des lettres et des sciences.

83E1

Aline. Aus dem Franz. von Yvonne und Herbert MEIER.
Ill. von Maurice BARRAUD. Frauenfeld, Huber, 1983.
158 p.

> Voir 1983 *** (*Empfohlene Bücher*), BURGAUER, NEUMANN.

83E2

[*La Guerre aux papiers*] *La Guerra ai documenti*. Traduzione di Cesare LUPO. Milano, Jaca Book, 1983. 149 p.
(Coll. « Jaca letteraria », n. 8).

> Introduction d'Italo VANNI, pp. v–x.
> Voir 1983 VANNI.

83E3

[*Jean-Luc persécuté*] *Jean-Luc perseguitato*. Prefazione e traduzione di Gigi COLOMBO. Milano, Jaca Book, 1983. 137 p. (Coll. « Jaca letteraria », n. 13).

Présentation de G. COLOMBO, pp. V–XI.
Voir 1983 COLOMBO.

83E4

[*Jean-Luc persécuté. Adam et Ève*] *Ul dözött vad. Adam es Eva*. Utoszo Giyer Gyergyai ALBERT. Budapest, Szépirodalmi Könyvkiado, 1983. 283 p.

83F1

L'Histoire du soldat. Programme de la représentation du 6 mai 1983 lors du XXVIIIe Festival International de Lausanne. Lausanne, Théâtre municipal, 1983. n. p..

Distribution du spectacle. Présentation du spectacle par Claude Viala ; extraits de divers ouvrages ; nombreuses illustrations.

1984

84A1

Derborence. La Croix-sur-Lutry, Plaisir de lire, 1984. 187 p.
Préface de Jean-Marie DUNOYER, pp. 9–18.

84A2

Farinet ou la fausse monnaie. La Croix-sur-Lutry, Plaisir de lire, 1984. 214 p.

84A3

Fête des vignerons. Aigre, Séquences, 1984. 256 p.
Réédition réalisée d'après l'édition Horizons de France, 1929 [Bibl. B.V. 30c].
Après-lecture de Jean-Louis PIERRE, pp. 247–53.
Au dos du livre courte présentation par Jean-Pierre TALLOIRES.
Voir 1985 PAULHAN.

84A4

La Grande peur dans la montagne. Paris, France Loisirs, 1984. 179 p.

84A5

Pays de Vaud. Lausanne, Marguerat, 1984. 136 p.
Texte de Ramuz, pp. 9–24. Réédition d'un texte publié par le même éditeur en 1943 [Bibl. B. V. 72].
Avant-propos de G.-A. CHEVALLAZ, pp. 5–7. Photos de Walter GYR, pp. 25–135.

84B1

Aujourd'hui. 5 déc. 1929–31 déc. 1931 (nos 1–109). Genève, Slatkine, 1984.
Réédition de la revue à la rédaction de laquelle participa Ramuz.
Introduction de 6 pages de Doris JAKUBEC.
Voir 1984 SALEM
Voir 1985 CHAUVY, MARTIN, PLAUT.

84C1

« Le Peintre Rousseau », *Les Amis de C. F. Ramuz*, Bulletin n° 4, 1984, pp. 95–9.

Reprend le texte de 1914 dans *La Gazette de Lausanne* (1er mars) [Bibl. B. V. 441].
Le texte de Ramuz est précédé d'une courte note de Daniel Anet : « Ramuz et le douanier », p. 95.

84C2

« Salutation à la Savoie », *Les Amis de C. F. Ramuz,* Bulletin n° 4, 1984, pp. 97–9.

Reprend le texte publié en 1922 dans *Écrits du Nord*, revue mensuelle de littérature (nov., n° 1).

84C3

« Vondanges », *Les Amis de C. F. Ramuz*, Bulletin n° 4, 1984, pp. 100-1.

Reprend le texte de 1937 paru dans *Mieux vivre* (sept. 1937, n° 9) [Bibl. B. V., note p. 74].

84E1

[*Farinet ou la fausse monnaie*] *Farinet*. I ds Bärndütsch übertriit vom Hans Ulrich SCHWAAR. Mit Ziichnige vom Hans BERGER. Ostermundigen, Viktoria Verlag, 1984. 202 p.

Voir 1984 KAPPELER.
Voir 1985 FEHR.

84E2

[*La Guérison des maladies*] *La Guarigione delle malattie*. Traduzione di Gigi COLOMBO. Milano, Jaca Book, 1984. 189 p. (Coll. « Jaca letteraria », n. 18).

Présentation de Stefano GIOVANARDI, pp. 1–5.

84E3

[*Les Signes parmi nous*] *I Segni in mezzo a noi*. Traduzione di Gigi COLOMBO. Milano, Jaca Book, 1984. 139 p. (Coll. « Jaca letteraria », n. 22).

Préface de Mario FORTI, pp. VII–XX.

84E4

[*Le Village dans la montagne*] *Das Dorf in den Bergen*. Uebertr. von Trude FEIN. Ill. von Eugen FRÜH. Frauenfeld, Huber, 1984. 176 p.

Voir 1984 ALTWEGG, BURGAUER, HUBER-STAFFELBACK, KAPPELER.

1985

85A1

Le Cirque. Aigre, Séquences, 1985. 59 p. (Coll. ramuzienne).

Cette édition comprend deux versions successives, celle de 1931
parue dans *La Nouvelle revue française* [Bibl. B. V. 728] et celle
publiée en 1936 [Bibl. B. V. 32].
Notes de Jean-Louis PIERRE, pp. 57-9.
Voir 1985 BRATSCHI 1986 MAYA.

85A2

Derborence. Paris, Grasset, 1985. 231 p. (Coll. « Cahiers
rouges », n° 43).

Introduction, pp. 7-8 · C F Ramuz/Derborence.
Voir 1985 HUE.

85A3

Derborence. Paris, France Loisirs, 1985. 231 p.

85A4

La Grande peur dans la montagne. Paris, Librairie Générale Française, 1985. 186 p. (Coll. « Le Livre de poche »,
n° 2474).

85A5

Si le soleil ne revenait pas. La Croix-sur-Lutry, Plaisir de
lire, 1985. 194 p.

85A6

Le Village dans la montagne. Illustrations d'Edmond BILLE.
Genève, Slatkine, 1985. 260 p.

Réimpression de l'édition de 1908 [Bibl. B. V. 9].

85B1

Ivresse : la vigne, le vin. Choix de textes par Jean GRA-VEN. Ill. de Hans ERNI. Denges–Lausanne, Le Verseau, 1985. 155 p.

Cette anthologie contient un extrait de *Vendanges.*
Réédition du livre publié à Lausanne en 1962 par André et Pierre Gonin [Bibl. B. V. note p. 74].

85C1

[Lettre à Jean-Marie Dunoyer,] *Les Amis de C. F. Ramuz,* Bulletin n° 5, 1985, p. 75.

Lettre datée du 8 janvier 1926. Réponse à une demande d'article pour un cahier Léon Bloy.

85C2

« Sur l'*Histoire du soldat* », *Les Amis de C. F. Ramuz,* Bulletin n° 5, 1985, pp. 80-1.

Reprend le texte de 1946 dans *Suisse contemporaine* (août-sept., n° 8-9). Le texte de Ramuz est précédé d'un commentaire de Jean-Claude WATREMEZ, pp. 76–9.

85C3

« Accepter ou n'accepter pas », *Les Amis de C. F. Ramuz,* Bulletin n° 5, 1985, pp. 85-6.

Reprend un texte de 1942 dans *L'Arbalète* (automne, n° 6).

85C4

[Le Léman] *Sauvons le Léman, revue annuelle d'information,* n° 1, 1985, p. 27.

Extrait de *Chant de notre Rhône* (« Ici est notre Méditerranée [...] jusqu'au ciel qui est de l'autre côté. »). Le texte de Ramuz est associé à d'autres extraits de divers auteurs illustrés par des photos sur le thème suivant : la beauté des paysages lémaniques.

85E1

Aline ou Lineli. Le Petit village ou Ds Doerfli. Traduction de H. U. SCHWAAR. *Bulletin de la Fondation C. F. Ramuz,* an. 1985, pp. 5–9.

Extraits d'une traduction en bernois de deux textes de Ramuz.

85E2

Aline. Traduit du chinois par Zond Wu ZHOU *et* Li Dan DENG. *Dangdaï Waiguo Wenxue* [Nanjing], nº 2, 1985, pp. 125–51.

85E3

[*Histoire du soldat*] *Sotilaan Tarina.* Pièce adaptée à la radio par Antti E. HALONEN, traduite par Olla-Matti RONIMUS. Helsinki, Yleisradio, 1985.

85E4

[*Le Règne de l'Esprit malin*] *Die Herrschaft des Bösen.* Erzählung. aus dem Franz. von Hanno HELBLING. Stuttgart, Klett-Cotta, 1985. 144 p. (Coll. « Cotta's Bibliothek des Moderne », 38).

Voir 1985 ALTWEGG, GRAF.

85E5

[*La Séparation des races*] *Die Trennung des Rassen.* Uebertr. von Hanno HELBLING. Berlin, Verlag Volk und Welt, 1985. 174 p.

85E6

[*Si le soleil ne revenait pas. Derborence. Le Garçon savoyard*] *Esli slnce ne vzojdet. Derborans. Savojskij paren'.* Perevod s. franc. : R. RODINO, L. KRAVCENKO. Moskva, Chudoz âestvennaja Literatura, 1985. 352 p.

1986

86A1

Aline. Paris, Grasset, 1986. 206 p. (Coll. « Cahiers rouges », n° 66).

Introduction, pp. 5-6 : C. F. Ramuz/Aline.

86A2

À propos de tout. Genève, Slatkine, 1986. 332 p.

Ce volume réunit des articles parus dans *La Gazette de Lausanne* dans les années 1913–1918. Le titre du livre reprend le titre de la chronique hebdomadaire de *La Gazette de Lausanne* : « À propos de tout ».

Présentation de Gérald FROIDEVAUX, pp. 7–15.

Notes bibliographiques, p. 327.

Voir 1986 FROIDEVAUX.

86A3

La Grande peur dans la montagne. Paris, Librairie Générale Française, 1986. 186 p. (Coll. « Le Livre de poche », n° 2474).

86A4

La Grande peur dans la montagne. Paris, Éditions de presse et d'informations, 1986. 186 p. (Coll. « Grands écrivains choisis par l'Académie Goncourt », n° 68).

Livret de présentation de 16 pages, nombreuses illustrations.

Voir 1986 *Grands écrivains choisis....*

86A5

Histoire du soldat. Parlée, jouée, dansée. Aigre, Séquences, 1986. 55 p. (Coll. ramuzienne).

La version retenue est celle des *Œuvres complètes* de 1941. Le texte est précédé d'une lettre de Ramuz datée du 24 janvier 1924.

Notes de Nathalie SICHLER-WOLFF, pp. 51-2.

Au dos du livre courte présentation signée J.-L. P. [Jean-Louis PIERRE].

Réédition en 1988.

Voir 1986 JEAN-NESMY, SOZZI.

86A6

Œuvres complètes. Genève, Slatkine, 1986. 23 vol.

Réimpression des œuvres complètes, Mermod 1940–1954, établie par Michel SLATKINE. Tirage limité à 500 exemplaires.
Voir 1987 WALZER.

86A7

Le Petit village. Illustrations par Hans ERNI. Lausanne, Gonin, 1986. 91 p.

86C1

[Lettre à Henry Bischoff,] *Les Amis de C. F. Ramuz,* Bulletin n° 6, 1986, p. 53.

Lettre inédite datée du 22 novembre 1923. Ramuz transmet à H. Bischoff le souhait de H. Reinhart de voir la traduction en allemand de *Histoire du soldat* illustrée par des bois de Bischoff. Cette traduction a été publiée à Zürich en 1924.

86C2

[« Ce que je lui dois »,] *Espaces, mensuel des arts et des lettres de la Broye et du Jorat,* n° 125, 1986.

Édouard Rod vu par C. F. Ramuz (extraits de René Auberjonois [Bibl. B.V. 74]). Quelques lignes de présentation par André DURUSSEL.

86C3

« Désordre dans le cœur », *Journal de Genève,* 30 juin–11 juil. 1986.

Publication en feuilleton d'une nouvelle parue dans *La Nouvelle revue française* en 1953 [Bibl. B.V. 738] et rééditée dans le tome 3 de *Nouvelles, croquis et morceaux* chez Slatkine.
Le premier extrait publié par le *Journal de Genève* se trouve à la page 14.

86E1

[*La Beauté sur la terre*] *La Bellezza sulla terra.* Traduzione di Cesare LUPO. Milano, Jaca Book, 1986. 221 p. (Coll. « Jaca letteraria », n. 36).

86E2

[*La Beauté sur la terre*] *Frumusejea pe pâmînt.* Traduction de Ana SIMON. Ill. de Dano ISTVAN. Bucuresti, Univers, 1986. 238 p.

86E3

[*Farinet ou la fausse monnaie*] *Farinet oder Das falsche Geld.* Aus dem Französischen von Hanno HELBLING. Umschlagillustration und Vignette : Holzschnitte von Peter EMCH. Zürich, Limmat Verlag, 1986. 170 p.

> Voir 1987 KAPPELER, WEIBEL.

86E4

[« Un Mot sur moi »] « Ein Wort über mich », *Limmat-Blatt*, Nr. 3, November 1986.

> Reprend le texte de 1947 qui figure en tête de *C. F. Ramuz et la sainteté de la terre* de B. VOYENNE [Bibl. B. V. 134].

86E5

[*Vie de Samuel Belet*] *Samuel Belet.* Aus dem Franz. von Yvonne und Herbert MEIER. Zürich, Limmat Verlag, 1986. 318 p.

> Voir 1987 KAPPELER, WEIBEL.

1987

87A1

La Grande peur dans la montagne. Paris, Librairie Générale Française, 1987. 186 p. (Coll. « Le Livre de poche », n° 2474).

87A2

Une Main. Aigre, Séquences, 1987. 61 p. (Coll. ramuzienne).

Réimpression du texte des *Œuvres complètes* publiées en 1941 [Bibl. B. V. 59].
Postface de Jean-Louis PIERRE, pp. 59–61.

87A3

Noces et autres histoires, d'après le texte russe de Igor STRAVINSKY. Ill. de Théodore STRAVINSKY. Genève, Slatkine, 1987. 91 p.

Réimpression de l'édition publiée à Neuchâtel en 1943 [Bibl. B. V. 70].
« Berceuses du chat », pp. 11-2.
« Deux histoires pour enfants », pp. 15-6.
« Deux chants russes », pp. 19-20.
« Noces », pp. 23–60.
« Pribaoutki », pp. 63-4.
« Renard », pp. 67–87.

87A4

Pastorale. Nouvelles et morceaux 1905–1946. Paris, Éd. Sang de la terre, 1987. 267 p. (Coll. « Retour aux sources »).

Choix de textes empruntés à quatre recueils ramuziens : *Nouvelles et morceaux* (1910), *Salutation paysanne et autres morceaux* (1921), *Nouvelles* (1944), *Les Servants et autres nouvelles* (1946). À ces textes sont associées deux nouvelles : « Sous la lune » [Bibl. B. V. 623] et « Un Vieux de campagne » [Bibl. B. V. 77].
Préface de Jean-Louis PIERRE, pp. 7–10.

87A5

La Pensée remonte les fleuves. Paris, Plon, 1987. 364 p.
(Coll. « Terre humaine » en Presses Pocket, n° 3015).

Réédition en format de poche du volume publié chez Plon en 1979.

87A6

Remarques. Lausanne, L'Âge d'Homme, 1987. 149 p. (Coll.
« Poche suisse », n° 64).

87A7

Si le soleil ne revenait pas. Aigre, Séquences, 1987. 173 p.
(Coll. ramuzienne).

Réimpression du texte des *Œuvres complètes* publiées en 1941
[Bibl. B. V. 59].
Postface de Gérard POULOUIN, pp. 169–73.

87A8

Le Village brûlé. Derniers récits. La Croix-sur-Lutry, Plaisir
de lire, 1987. 222 p.

Réédition de textes publiés en 1951 [Bibl. B. V. 91].
Voir 1987 MARTIN.

87C1

[À propos des Vaudois,] *24 heures,* 23-24 mai 1987,
pp. 40-1.

Extraits de « Conformisme » (revue *Aujourd'hui*, 22 janv. 1931
[Bibl. B. V. 288]), de *Questions* (Rencontre [Bibl. B. V. 47*d*]), de
« Une Ville qui a mal tourné » (revue *Aujourd'hui*, 18 déc. 1930
[Bibl. B. V. 281]).
Huit photos de Ramuz. Une photo de groupe : Ramuz, Mer-
mod, Stravinsky.

87C2

« Ce que je vois par la fenêtre... », *Pully... Propos*, bulletin
édité par la municipalité de Pully, n° 6, oct. 1987, pp. 2-3.

Réédition pour la Grande Fête chez Ramuz donnée à Pully en
octobre 1987 d'un texte paru en 1944 [Bibl. B. V. 75].
Ill. : Photos de La Muette.

87C3

« Discours prononcé par Ramuz au XIᵉ Congrès des libraires de France en juillet 1934 à Vevey », *Bulletin de la Fondation C. F. Ramuz*, 1987, pp. 5–9.

Reprend un texte de 1934 des *Nouvelles littéraires* (11 août) [Bibl. B. V. 719].

87C4

[Lettres à Gabriel Fournier,] *Les Amis de C. F. Ramuz*, Bulletin nº 7, 1987, pp. 33-4.

Extraits de lettres adressées à un peintre et illustrateur G. Fournier.

Commentaire de Jean-Claude WATREMEZ, pp. 34–6.

87C5

[Lettre à Frédéric Lefèvre,] *Les Amis de C. F. Ramuz*, Bulletin nº 7, 1987, pp. 39-40.

Lettre datée du 19 mai 1924, suite à la parution le 17 mai 1924 d'un entretien avec F. Lefèvre.

87C6

[*Une Main* (extrait),] *Journal de Pully*, nº 37, 11 sept. 1987, p. 10.

87C7

« Péguy est pur », *L'Amitié Charles Péguy*, nº 38, avril–juin 1987, pp. 65–7.

Reprend un texte publié en 1941 à La Guilde du Livre en préface à des Morceaux choisis de Péguy [Bibl. B.V. 125].

87C8

[*Salutation paysanne* (extrait),] *Le Sillon romand*, nº 35, 4 sept. 1987, p. 1.

Fac-similé de la première page du manuscrit.

Une photo de Ramuz.

87E1

Derborence. Aus dem Franz. von Hanno HELBLING. Zürich, Limmat Verlag, 1987. 144 p.

87E2

[« Fin de vie »] « Sei no owari », *Romandie* [Tokyo], n° 10, 1987, pp. 29–34.

Traduction de Shiro HAMASAKI.

87E3

[*Passage du poète*] *Besuch des Dichters*. Aus dem Franz. von Hanno HELBLING. Zürich, Limmat Verlag, 1987. 120 p.

Voir 1987 KAPPELER.

87E4

[*Vie de Samuel Belet*] *Viata lui Samuel Belet*. Traduction de Henri ZALIS. Bucuresti, Univers, 1987. 254 p.

87E5

[*Vie de Samuel Belet*] *La Vita di Samuel Belet*. Traduzione di Cesare LUPO. Milano, Jaca Book, 1987. 298 p. (Coll. « Jaca letteraria », n. 42).

Présentation de Fulvio PANZERI, pp. V–IX.
Voir 1986 PANZERI.

1988

88A1

L'Année vigneronne. Aigre, Séquences, 1988. 22 p. (Coll. ramuzienne).

Notes de Jean-Louis PIERRE, pp. 21-2 : situation et leçon du texte.

88A2

Le Cirque. Illustrations de Hans ERNI. Lausanne, Gonin, 1988. 55 p.

88A3

L'Exemple de Cézanne. Suivi de : *Pages sur Cézanne* et de : *Cézanne chez Vollard.* Aigre, Séquences, 1988. 52 p. (Coll. ramuzienne).

Réédition d'un ensemble de textes déjà réunis en 1951 [Bibl. B. V. 17c].
Postface de Jean-Marie DUNOYER, pp. 49–52.
Voir 1988 CHESSEX.

88A4

La Guerre aux papiers. La Croix-sur-Lutry, Plaisir de lire, 1988. 146 p.

88A5

Histoire du soldat. Parlée, jouée, dansée. Aigre, Séquences, 1988. 53 p.

Réédition de 86A5.

88B1

« La Mort du grand Favre », pp. 145–53 in René GODENNE, *Nouvellistes contemporains de langue française*, tome 2 (Villelongue d'Aude, Atelier du Gué, 1988. 196 p.).

Voir 1988 GODENNE.

88B2

[Textes de C. F. Ramuz,] pp. 173–281 in Marianne GHI-RELLI, *C. F. Ramuz...* (Lyon, La Manufacture, 1988. 315 p.).

Voir 1988 GHIRELLI.

88B3

Anthologie de la poésie française (Paris, Larousse, 1988).

Voir pp. 597-8 : « Charles-Ferdinand Ramuz ».
Présentation de l'écrivain, p. 597. Une photo. Quelques extraits : « *L'Enterrement* » emprunté au recueil *Le Petit village*, et des fragments de *Remarques*.

88C1

« Le Gros poisson du lac », *L'Aventure humaine*, hiver 1988, pp. 104–6 et pp. 108-10.

Nouvelle restée inédite.
Illustrations : Ramuz en 1936 ; La Muette à Pully en 1930 ; vue panoramique de Le Treytorrens.
Voir 1988 FROIDEVAUX.

88C2

[Poème de Ramuz signé Marguerite D.,] *Bulletin de la Fondation C. F. Ramuz*, an. 1988, p. 5.

Voir le manuscrit reproduit pp. 14-5.
Reprend un texte de 1930 dans *Aujourd'hui* (11 déc., n° 54).

88C3

[Lettre inédite à Werner Reinhart,] *Bulletin de la Fondation C. F. Ramuz*, an. 1988, pp. 10-1.

Cette lettre est précédée et suivie de commentaires de Georges Duplain.

88E1

Aline, pp. 23–79 in L. PELAGATTI, *C. F. Ramuz ritorno di Aline* (Bologna, Istituto Carlo Tincani, 1988. 89 p.).

Traduction en italien de Lucia PELAGATTI.
Voir 1988 PELAGATTI.

88E2

[*La Grande peur dans la montagne*] *El Gran miedo en la montagna*. Trad. de Mauricio WACQUEZ. Barcelona, Montesinos, 1988. 152 p.

88E3

[*Jean-Luc persécuté*] *Pronasledovany Jan Lukas,* [*Le Règne de l'Esprit malin*] *Vlada zlého ducha,* [*Si le soleil ne revenait pas*] *Kdyby se slunce nevratilo.* Priheby z hor. Prelozil Josef HEYDUK. Praha, Odeon, 1988. 307 p.

> Ce choix de textes est accompagné d'une postface de Zdenek HRBATA : [« Les hommes, le destin et la nature dans l'œuvre de C. F. Ramuz »].

88F1

Le Petit village, poèmes de C. F. RAMUZ et musique de Pierre SEGOND. Lausanne, Conservatoire de musique, mars 1988. 4 p.

> Programme du spectacle donné le 10 mars 1988 dans le cadre des Jeudis du Conservatoire de Lausanne, avec le concours de Jean-Christophe Malan, récitant, et Brigitte Buxtorf, flûtiste.

88F2

« Histoire du soldat », pp. 8-9 in *Programme de la saison 1988-89 de la Maison de la Culture de La Rochelle* (La Rochelle, Maison de la Culture, 1988. 64 p.).

> Annonce du spectacle donné à La Rochelle en juin 1989, mis en scène par Jacques Livchine assisté de Hervée de Lafond. Un texte de Pierre Boulez : « Un Musicien instinctif et expressif » (écrit pour le Festival d'automne en 1980), un texte non signé : « Genèse d'une œuvre ».
> Une photo : Igor Stravinsky, New York City 1946.

88F3

L'Histoire du soldat. Ramuz–Stravinsky. Septantième anniversaire 1918–1988. Lausanne, T.M.L. [Théâtre municipal de Lausanne] Opéra, 1988. 100 p.

Plaquette qui a été publiée lors de la reprise de *Histoire du soldat* en septembre-octobre 1988 à Lausanne. Des notices présentent le directeur musical Jean-Marie Auberson, les metteurs en scène Patrice Courier et Moshe Leiser, les comédiens, les musiciens, etc.. Plusieurs articles situent l'*Histoire du soldat*, précisent la spécificité de l'œuvre.

Voir BOUVIER, DUPLAIN, FAVROD, GIROUD, JAKUBEC, MATTHEY, RAPIN, STRAVINSKY.

On peut lire le conte d'Afanasiev « Le Déserteur et le diable » (pp. 65-6). Estelle Parramore présente l'exposition intitulée *Histoires du soldat* (p. 68).

La plaquette contient de nombreuses illustrations : dessins d'Auberjonois, dessins des enfants de Stravinsky, etc.. La couverture de la plaquette a été réalisée par Jean-Denis Malces.

CRITIQUE

1982

(classement alphabétique des périodiques contenant des articles anonymes)

Bulletin de la Fondation C. F. Ramuz
***, « Répertoire des textes et illustrations parus dans les bulletins de la Fondation C. F. Ramuz » (an. 1982, pp. 5–9).

Corriere della sera
***, « Jérôme Savary porta Stravinski al fronte e pensa a un flirt fra Carmen e Hemingway » (8 giugno 1982).
Entretien avec le metteur en scène J. Savary qui a proposé une version de *Histoire du soldat* à la Scala de Milan.

L'Éducation
***, « La Grande peur dans la montagne » (25 févr. 1982, p. 27).
Présentation du spectacle de la Compagnie du Lierre.

Giornale di Brescia
***, « Il Falsario di Ramuz » (18 maggio 1982).
C.r. de 82E2 : *Farinet il falsario.*
Parallèle entre *Derborence* et *Farinet ou la fausse monnaie.*
Une partie de ce texte consacré au résumé de l'histoire a été publiée dans *Il Piccolo*, 24 luglio 1982 et dans *Il Giornale d'Italia*, 14 dic. 1982.

Midi libre
***, « Présentée ce soir à Marsillargues *L'Histoire du soldat* va parcourir le monde » (24 juil. 1982).
Rapide présentation de la version de *Histoire du soldat* créée à la Scala de Milan par J. Savary et jouée dans divers festivals en France en juillet 1982.

Neue Zürcher Zeitung
***, « "... starrköpfig sein. Die Amsel singt." Auszeichnungen von C. F. Ramuz » (3 Dezember 1982, p. 39).

La Notte
***, « *Histoire du soldat* alla Scala con due balletti. Stravinsky al circo » (9 giugno 1982).
> Présentation de la version de *Histoire du soldat* mise en scène par J. Savary.

Nouvelles du théâtre de la vie [Bruxelles]
***, « *L'Histoire du soldat* » (n° 9, janv.–mars 1982).
> Présentation du spectacle donné du 4 au 28 mars 1982 au Théâtre de la vie à Bruxelles.

La Stampa
***, « Il Falsario » (22 maggio 1982).
> Brève annonce de la parution en italien de *Farinet ou la fausse monnaie*. Ramuz n'est pas évoqué pour lui-même mais comme co-auteur avec Stravinsky de *Histoire du soldat* !

Uomini e Libri
***, « *Farinet il falsario* » (ottobre 1982, p. 27).
> C.r. de 82E2 : *Farinet...*. Texte très court sur un procédé constant de Ramuz, la transfiguration en mythe d'un fait emprunté à une chronique.

***, « *Farinet il falsario* » (novembre–dicembre 1982).
> Bio-bibliographie de Ramuz précédée de l'annonce d'une traduction en italien de *Farinet ou la fausse monnaie*.

*

A., Elsa, « Alla Scala il trittico coreografico *Histoire du soldat, Petrushka* e *L'ucello di fuoco...* », *Il Giornale*, 10 giugno 1982.
> L'article porte entre autres choses sur la mise en scène de *Histoire du soldat* par Jérôme Savary qui fait appel au farcesque et au grand guignol.

BARILIER, Étienne, « Littérature romande », *Études de lettres*, n° 4, oct.–déc. 1982, pp. 1–14.
> Ramuz est présenté pp. 4-5 et p. 7 : Ramuz un écrivain qui a su conjuguer attention au génie du lieu et culture pour mettre en scène l'homme universel.

● BECK, Anne-Béatrice. *La Signification de l'espace dans "Le Garçon savoyard" de C. F. Ramuz.* Bâle, Université de Bâle, Faculté des Lettres, 1982. 2 vol.
Mémoire de licence.

BODON, Harold W. *et* M. Douglas KIMBALL, « Mass, Pendular Motion and Stridency in *Aline* by C. F. Ramuz », *Encyclia*, Vol. 59, 1982, pp. 74–80.
Étude de plusieurs métaphores en rapport avec le creux, le dur, l'évanescent, les sonorités... Ces métaphores précisent ce qui est en jeu dans le récit.

BONARD, Olivier, [c.r.,] *Études de lettres*, n° 2, avril–juin 1982, pp. 111–4.
C.r. de 1981 *Lettres romandes.* Textes réunis en hommage à Gilbert Guisan (Lausanne, L'Aire, 1981).
Qualité de l'étude de Françoise Desponds.

BOUCOURECHLIEV, André. *Igor Stravinsky.* Paris, Fayard, 1982.
Sur Ramuz, voir p. 132 sq.

CATTANEI, Luigi, « Farinet e la libertà », *Corriere del Ticino*, 13 novembre 1982.
82E2 : *Farinet....*

CÉLINE, Louis-Ferdinand, « À propos du style », *Cahiers du Musée national d'art moderne*, n° 9, an. 1982, pp. 39 et 41.
Reproduction d'un entretien de janvier 1961 avec Julien Alvard. Ramuz cité p. 41. Céline a salué plusieurs fois les mérites de Ramuz (voir *Romans* [Paris, Gallimard, 1981. « Bibl. de la Pléiade »], t. 1, index).

CELLA, Carlo Maria, « Questo Sravinskij è un gioco d'acqua », *Il Giorno*, 10 giugno 1982.
Présentation de la version très personnelle de *Histoire du soldat* par Jérôme Savary à la Scala de Milan.

CHENAUX, J[ean]-Ph[ilippe], « Ramuz et la Hongrie : étroites relations d'amitié », *Gazette de Lausanne*, 24-25 avril 1982, p. 2.
Sur les liens d'Örvöz avec l'œuvre de Ramuz découverte à Paris.

Importance du court récit de Ramuz *Le Temps du grand Napoléon* déniché chez un bouquiniste. Sur les liens de Ramuz avec son traducteur hongrois Albert Gyergyai et le professeur de littérature Peter Nagy. Une photo de l'écrivain et traducteur hongrois Louis Örvöz.

COEN, Lorette, « Ramuz renaît à Amsterdam », *L'Hebdo*, n° 7, 19 févr. 1982, pp. 44–6.

Remarques sur la création d'une œuvre inédite : un concert d'Igor Markevitch sur des vers de C. F. Ramuz, par le Schönberg Ensemble hollandais, sous la direction de R. de Leeuw. Présentation d'Igor Markevitch. Liens entre Ramuz et Markevitch. C'est parce qu'au moment de leur collaboration, Ramuz songeait à son essai *Taille de l'homme* que Markevitch a choisi ultérieurement le titre « La Taille de l'homme » pour le concert. Extrait du poème inédit de Ramuz, p. 45.

CROTTET, Robert, « Charles-Ferdinand Ramuz », *Welt im Wort — Voix des Lettres*, n° 16, mai 1982, pp. 37-8.

Récit d'une rencontre avec Ramuz à La Muette.

DASPRÉ, A., « C. F. Ramuz », pp. 538–40 in *Histoire littéraire de la France*, t. VI (Paris, Éditions Sociales, 1982. 920 p.).

DEBERNARDI, Gilles, « Pour *L'Histoire du soldat* il aurait mieux valu miser sur Stravinsky... », *Le Dauphiné libéré*, 11 août 1982.

Présentation du spectacle donné lors du festival de Yenne : souci de favoriser le récit théâtral au détriment de la musique mal venu selon Debernardi qui est sévère pour le texte ramuzien, « *bien pauvre* », « *sans profondeur* ».

DUCREST, Fernand, « Ramuz et sa vision du monde », *La Liberté*, 13-14 nov. 1982, p. 34.

C.r. de 1982 FROIDEVAUX.

DULIERE, André, « Pourquoi les Wallons et les Romands réagissent-ils de façon différente devant l'histoire de France ? », *La Vie wallonne*, t. 56, 1982, pp. 190–4.

DUMUR, Guy, « Les Réveils en fanfare de Jérôme Savary », *Le Nouvel observateur*, 26 juin–2 juil. 1982, p. 71.

Quelques mots sur la mise en scène de *Histoire du soldat* par J. Savary à la Scala de Milan. Ramuz n'est pas évoqué.

FAVEZ, Albin, « Pour les 70 ans du compositeur et chef d'orchestre Igor Markevitch : une magnifique fête placée sous le signe de la musique et de l'amitié à Corsier », *Feuille d'avis de Vevey*, 18 oct. 1982, p. 10.

FERLA, Patrick, « Le TREC joue C. F. Ramuz. *Farinet* à Genève », *Tribune-Le Matin*, 17 janv. 1982, p. 36.

Présentation du spectacle du théâtre TREC mis en scène par Jacques de Torrenté.

● FERRAZ-GRYN, Thaïs. *La Dynamique des mythes dans l'œuvre de C. F. Ramuz*. Grenoble, Université de Grenoble III, 1982. 335 p.

Thèse de troisième cycle. Bibliographie, pp. 313–21.

FRANCILLON, Roger, [c.r.,] *Études de lettres*, n° 4, oct.–déc. 1982, pp. 154–6.

C.r. de 1982 FROIDEVAUX.

R. Francillon voit dans cette étude « *une étape importante et nouvelle dans l'histoire de la critique ramuzienne* ». Elle a le mérite de situer Ramuz « *dans les courants généraux de la littérature française du début du XIXe siècle* », d'accorder toute sa place au thème de la guerre dans la réflexion de Ramuz, de mettre l'accent sur l'essentialisme de Ramuz.

FRANCK, Jacques, « *Histoire du soldat* : Stravinsky et Béjart », *La Libre Belgique*, 28 déc. 1982, p. 13.

Commentaires approfondis du travail entrepris par Béjart et le Ballet du XXe siècle à propos de *Histoire du soldat*. Citations d'Adorno empruntées au programme du spectacle pour rendre compte des choix faits par Béjart.

Une photo : Le Diable, Michel Gascard et les trois soldats, Sandi Gorostidi, Gil Roman et Philippe Lizon.

● FROIDEVAUX, Gérald. *L'Art et la vie. L'esthétique de C. F. Ramuz entre le symbolisme et les avant-gardes.* Lausanne, L'Âge d'Homme, 1982. 209 p. (Coll. « Lettera »).
Voir 1982 DUCREST, FRANCILLON
Voir 1983 WALZER
Voir 1984 DENTAN.

FROIDEVAUX, Gérald, « Ramuz rousseauiste? », *Swiss-French Studies*, Vol. III, no. 1, May 1982, pp. 4–11.
Traits distinctifs de l'écrivain romand. Place de Rousseau dans l'œuvre de Ramuz. Parallèle entre Rousseau et Ramuz.

GIOVANARDI, Stefano, « Il Vecchio che avera capito », *La Republica*, 15 dic. 1982.
À propos de la traduction italienne, 82E4 : *Se non tornasse....*

GODARD, Colette, « Le Diable à la Scala », *Le Monde*, 11 juin 1982, p. 29.
Article consacré à la mise en scène de *Histoire du soldat* par J. Savary. Ramuz est cité (« *Jérôme Savary s'en tient au poème de Ramuz...* »).

GOOSE, Marie-Thérèse, [c.r.,] *Revue belge de philologie et d'histoire*, vol. 60, n° 3, 1982, pp. 714-5.
C.r. de 1974 DENTAN, *C. F. Ramuz. L'espace de la création.*

G[ROS], G[eorges], « Sur un texte de Ramuz. Retrouver Farinet dans un bistrot valaisan », *La Suisse*, 3 janv. 1982, p. 12.
Présentation du spectacle du théâtre TREC mis en scène par J. de Torrenté.
Deux photos par Monique Delley.

GSTEIGER, Manfred, « Auszug und Heimkehr. Ein helvetisches Literaturthema bei Keller und Ramuz », *Arcadia*, XVII, Nr. 3, 1982, pp. 295-9.

H., J. P., « Stravinsky-Béjart au Cirque royal », *Le Drapeau rouge*, 31 déc. 1982, 1er et 2 janv. 1983, p. 9.

Critique à l'encontre de la version de *Histoire du soldat* proposée par Béjart : elle « *n'échappe pas au pléonasme, à la redondance et au didactisme simplificateur* ». Une photo : Michel Gascard.

HAMASAKI, Shiro, « La Tombe de C. F. Ramuz », *Romandie*, vol. 5, 1982, pp. 1–3.

HUONKER, Gustav, « Ramuz — hier und heute. Zur Rezeption seines Werkes in der Deutschschweiz », *Tages-Anzeiger*, 23 oktober 1982.

JAKUBEC, Doris, « Présentation », pp. 3–5 in *Nouvelles, croquis et morceaux. 1904–1908* [82A2].

Notes sur les lieux et paysages, les thèmes et sujets privilégiés par un écrivain soucieux d'authenticité.
Notes bibliographiques, p. 6.

JAKUBEC, Doris et Marianne PERRENOUD, « Les Soirées de Lausanne 1923–1933 », *Études de lettres*, n° 4, oct.–déc. 1982.

Les soirées de Lausanne lancées par Mlle de Cérenville — qui épousera le peintre Biéler — ont joué un rôle important dans la vie culturelle lausannoise de 1923 à 1933. Ramuz a pendant un temps prêté son concours à ces soirées. Voir pp. 19–24 et pp. 27–9. Intérêt de Ramuz pour le cinéma, p. 36.
P. 39, reproduction d'une affiche annonçant une lecture de Ramuz.
P. 63, parallèle possible entre le projet de Ramuz lançant *Aujourd'hui* en 1929 et ce qui était à l'origine des soirées de Lausanne.

JEAN-NESMY, Dom Claude, « La Littérature et son apport chrétien », *Esprit et vie*, vol. 92, n° 19, 13 mai 1982, pp. 282–6.

Sur divers auteurs dont Ramuz.

KAPPELER, Waltrud, [c.r.,] *Zürichsee-Zeitung*, 24 September 1982, p. 10.

Présentation de la traduction en allemand, 82E5 : *Wenn die Sonne…*.

KIRSOP, Wallace, [c.r.,] *Australian Journal of French Studies*, Vol. XIV, no. 2, 1982, pp. 223-4.
>Voir 1978 SUSSEX
>Ramuz est simplement cité dans l'article qui constitue essentiellement un vibrant hommage du professeur Sussex.

LEJEUNE, J.-F., « *L'Histoire du soldat* selon Béjart, au Cirque royal. Une implacable mascarade tragique », *La Cité*, 30 déc. 1982, p. 9.
>Critique sévère de la version proposée par Béjart.

MAIREL, Jacques, « Au Cirque Royal, l'*Histoire du Soldat*, revue par Béjart », *Le Soir*, 28 déc. 1982.
>Critique sévère de la version proposée par Béjart. « [...] *il y a un décalage constant entre le texte du poète, que Béjart a gardé, en pratiquant de petites coupures* [...] *et ces mouvements, cette fausse agitation, cette pantomime creuse que Béjart a plaqué sur le récit.* »

MARCABRU, Pierre, « Un Pari impossible », *Le Figaro*, 13 févr. 1982, p. 25.
>Analyse sévère du travail de deux comédiens qui ont proposé une adaptation théâtrale de *La Grande peur dans la montagne*.

MARCABRU, Pierre, « Un Vrai bonheur », *Le Figaro*, 31 juil.-1er août 1982, p. 15.
>Commentaire enthousiaste de la version proposée par Jérôme Savary de l'*Histoire du soldat*.

[Max Haufler.] Texte zum schweizer film *Der Maler*, Schauspieler, Filmautor und Regisseur. Redaktion : Bea CUTTAT, Mathias KNAUER. Umschlag und Layout : Orlando DUŎ. Satz und Druck : Herbert BLÄSI AG, Rümlang. Zürich, Schweizererisches Filmzentrum, 1982. 219 p.
>Ouvrage consacré à l'œuvre cinématographique de Max Haufler (1910–1965).
>Remarques sur le film *Farinet ou l'or dans la montagne*. Photos du tournage.

MOULIN, Jean-Pierre, « Les Années vaudoises d'Igor Stravinsky », *Radio-TV — Je vois tout*, n° 36, 9 sept. 1982, pp. 4–7.
>Commentaires de l'un des réalisateurs du film avec personnages

élaboré pour célébrer le centenaire de la naissance de Stravinsky :
sur le choix de ce film, la préparation des comédiens qui jouaient
Ramuz et Stravinsky.
Nombreuses photos en couleur.

NICKLER, Susi, « Quelques réflexions sur Hans-Ulrich Schwaar,
connaisseur et interprète de Ramuz », *Information culturelle
SPS*, 22 mars 1982.
Même article dans le *Journal du Jura*, 10 avril 1982.

P., J., « Le Magic-Circus au grand théâtre », *La Dépêche du
Midi*, 7 juil. 1982.
Commentaires élogieux à propos de *Histoire du soldat* présentée
par Jérôme Savary lors du festival de Carcassonne.
Deux photos du spectacle.

P[AULUS], C[laude], « Ramuz et le vin », *Construire*, n° 52,
29 déc. 1982.
Quelques citations illustrent la valeur symbolique prêtée au vin
dans l'œuvre ramuzienne.

PEREZ COTERILLO, Moises, « El Legendario Magic Circus inau-
gura la temporada del Espanol », *ABC*, 16 septiembre 1982.
La majeure partie de l'article est consacrée à la carrière de
J. Savary.
Quelques lignes à propos de la version de *Histoire du soldat*
jouée à Madrid.
Diverses illustrations dont des photos du spectacle *Histoire du
soldat*.

PERRENOUD, Marianne, [c.r.,] *Études de lettres*, n° 2, avril–juin
1982, pp. 115–7.
C.r. de *Farinet devant la justice valaisanne (1869–1880)*. Dos-
siers de procédure pénale publiés par André DONNET (Martigny,
impr. Pilet, 1980. 2 vol., 593 p.).
et de 1980 DONNET.
Distance entre le personnage de Ramuz et le faux-monnayeur de
l'histoire.

PETAZZI, Paolo, « Stravinskij al fronte », *L'Unità*, 10 giugno 1982.
Spécificité de la version de *Histoire du soldat* proposée par J. Savary à la Scala de Milan.

PIERRE, Jean-Louis *et* Gérard POULOUIN, « Bibliographie », *Les Amis de C.F. Ramuz*, n° 2, 1982, pp. 19–24.
Compléments à la bibliographie de Bringolf et Verdan et diverses références portant sur les années 1975–1981.

R., J. L., « Fête de la musique et de l'amitié à Corsier à l'occasion des 70 ans d'Igor Markevitch », *Feuille d'avis de Vevey*, 18 oct. 1982, p. 1.

RABONI, Giovanni, « Presentazione », pp. 1–5 in *Se non tornasse il sole* [82E4].

RENAUD, Philippe, « Ramuz ou le livre d'images », *Studi francesi*, XXVI, fasc. II, n. 77, maggio–agosto 1982, pp. 244–256.

● RIBICHINI, Maria Letizia, *L'Amour du monde nell'opera poetica di Charles Ferdinand Ramuz*. Macerata, Université, 1982. 272 p.
Thèse. Bibliographie, pp. 259–72.

RIGOTTI, Domenico, « Soldato gustoso del magico Savary », *Avvenire*, 10 giugno 1982.
Commentaires sur plusieurs œuvres de Stravinsky présentées à la Scala de Milan, dont *Histoire du soldat* mise en scène par J. Savary. Parenté du soldat avec Woyzeck et Faust. Richesse de la version proposée par Savary.

ROSSI, Luigi, « Savary va in trincea e ride con Stravinsky », *La Stampa*, 10 giugno 1982.
Remarques sur la version de *Histoire du soldat* jouée à Milan.

S[ALE]M, G[ilbert], « Ramuz journaliste », *24 heures*, 21 déc. 1982.
C.r. de 82A2 : *Nouvelles....*
Intérêt de cette édition : révéler des œuvres affranchies du « *contexte sacro-saint des terroirs* ».

SCARDI, Paolo, « Quando un nano diventa gigante. C. F. Ramuz
Farinet il falsario », *La Notte*, 15 settembre 1982.
  C.r. de 82E2 : *Farinet...*
  Résumé de l'œuvre, brèves remarques sur le style de Ramuz.

SERVAT, Henry-Jean, « Comment on raconte *L'Histoire du soldat* », *Magic*, magazine du nouveau théâtre populaire de la
Méditerranée, n° 2, juin 1982, pp. 27–9.
  Présentation du travail de Jérôme Savary et de ses acteurs. Quatre photos du spectacle.

SERVAT, Henry-Jean, « Savary : de la Scala à Carcassonne »,
Midi libre, 5 juil. 1982.
  Article humoristique sur l'accueil réservé à la version de *Histoire
  du soldat* de J. Savary jouée à Milan.

● SICHLER-WOLFF, Nathalie. *L'Art de la description dans "Aimé
Pache, peintre vaudois" de C. F. Ramuz*. Paris, Université
de Paris IV, 1982. 224 p.
  Thèse de troisième cycle. Bibliographie, pp. 212–24.

SOZZI, Giorgio P., « La Letteratura "suisse romande" oggi : rassegna 1980 », *Esperienze letterarie*, an. VII, n. 1, 1982, pp. 107–
122.

STRICKER, Jean-Marc, « Un Royaume pour un violon... », *Magic*,
n° 2, juin 1982, supplément.
  « Papier » d'un journaliste à Radio-France sur la première de *Histoire du soldat* à la Scala de Milan. Nombreuses photographies.
  Article accompagné d'extraits de commentaires de la presse italienne sur le spectacle donné à la Scala de Milan.

SUGIYAMA, Tsuyoschi, « Charles-Ferdinand Ramuz vu par un
médiéviste d'origine genevoise », *The Hiroshima University
Studies*, 42, Dec. 1982, pp. 235–7.
  Présentation d'une conférence de Paul Zumthor.

● TERZACHI, Catherine. *Quelques réflexions sur la mort chez Ramuz*. Genève, Université de Genève, Faculté des Lettres, 1982.
> Mémoire de licence.

UNGER, Catherine, « — Vous connaissez Stravinski ? — Oh, si peu ! », *La Suisse*, 11 avril 1982, Week end Dimanche, p. II.
> Présentation d'une émission télévisée élaborée par J. P. Moulin et J. Bovon, émission consacrée à Stravinsky apprécié à partir des souvenirs de Ramuz.

VALLOTTON, Paul, « Charles-Ferdinand Ramuz », *Welt im Wort — Voix des lettres*, n° 16, mai 1982, pp. 38–40.
> Souvenirs sur les derniers moments littéraires de Ramuz. Réflexion sur l'œuvre laissée par Ramuz. Distance de Ramuz par rapport à la radio.
> Voir 1982 CROTTET.

VANNI, Italo, « Farinet, tipico prodotto dello scrittore della solitudine, quell'incolpevole falsario », *Il Resto del carlino* [Bologne], 18 settembre 1982.
> C.r. de 82E2 : *Farinet....*
> Présence de la montagne dans les œuvres de Ramuz, remarques sur le sublime alpestre.

● VERDONNET, Catherine. *L'Écriture de C. F. Ramuz : œuvre romanesque de 1926 à 1946*. Grenoble, Université de Grenoble III, 1982. 239 p.
> Thèse de troisième cycle. Bibliographie, pp. 232–5.

VINCENT, Philippe, « Deux proses au théâtre : Ramuz et A. Muschg sur scène à Paris », *24 heures*, 24 févr. 1982, p. 47.
> Une partie de l'article porte sur la mise en scène de *La Grande peur dans la montagne* par le Lierre théâtre. Effort pour donner un rythme vrai aux textes choisis souligné. Une réserve : « accent » montagnard mal venu.

VISDEI, Anca, « Ramuz sur une scène parisienne », *Information culturelle SPS*, 19 avril 1982.
> Sur l'adaptation de *La Grande peur dans la montagne* par la compagnie du Lierre. Jugement favorable. Qualité du travail du metteur en scène Farid Païa. Adaptation jouée à Paris au Lierre théâtre.

VOELLMY, Jean, « Le Thème de l'échec chez C. F. Ramuz et Jacques Chessex », *Cahiers protestants*, nouvelle série, n° 4, 1982, pp. 5–14.

● VOGT, Mathias Theodor. *L'Histoire du soldat. Rekonstruktion und Analyse*. München, Ludwig Maximilien Universität, 1982. X, 271 p.
> Pp. 238–41, liste (non exhaustive) de représentations de l'*Histoire du soldat* de 1918 à 1963. Bibliographie abondante mais plutôt pauvre à propos de Ramuz et l'*Histoire du soldat*.

VUILLOMENET, Michel, « L'Hommage de sa musique pour les 70 ans d'Igor Markevitch à Corsier », *L'Est vaudois*, 18 oct. 1982, p. 7.

WALZER, Pierre-Olivier, « Charles-Albert [Cingria] et Charles-Ferdinand [Ramuz] », *Cahiers bleus*, n° 24, été 1982, pp. 39–40 et 43-4.
> Texte identique dans *Alliance culturelle romande*, n° 24, 1978, pp. 110–4.
> Une photo : C.-A. Cingria et l'une de ses nièces avec C. F. Ramuz, p. 41.

WREN, Keith, « Some observations on imagery in Ramuz's *Vie de Samuel Belet* », *Swiss-French Studies*, Vol. III, no. 1, May 1982, pp. 48–61.
> Étude de la fonction symbolique du soleil et du lac dans leur relation avec Samuel Belet. Parallèle entre Pinget et la figure du Christ, p. 58.

ZEPPIERI, Carmine, « Béguin lettore di Ch.- F. Ramuz », pp. 70–6 in *Dalla parte di Marcel Proust e altri versanti della letteratura francese* (Urbino, Quattro Venti, 1982. 152 p.).

ZEPPIERI, Carmine, « *Adam et Ève* di Ramuz », pp. 77–84 in *Dalla parte di Marcel Proust e altri versanti della letteratura francese* (Urbino, Quattro Venti, 1982. 152 p.).

ZUMTHOR, Paul, « C. F. Ramuz grand écrivain suisse romand de la première moitié du XXᵉ siècle », *The Hiroshima University Studies*, 42, Dec. 1982, pp. 238–55.

1983

(classement alphabétique de périodiques contenant des articles anonymes)

Coopération
***, « Farinet n'est pas oublié » (2 juin 1983).

Empfohlene Bücher
***, « *Aline* » (Nr. 4, 1983).
Sur la traduction allemande, 83E1 : *Aline*.

*

ALBERS, Heinz, « Den Dichter C. F. Ramuz wiedererentdecken : Immer ist der Mensch de Natur ausgesetzt », *Hamburger Abendblatt*, 22 April 1983.

ANET, Daniel, « Ramuz critique d'art », *Les Amis de C. F. Ramuz*, n° 3, 1983, pp. 13–54.

ANSERMET, Anne. *Ernest Ansermet, mon père*. Lausanne, Payot, 1983. 192 p.
Voir p. 23, sur les chansons de Ramuz mises en musique par Ansermet ; p. 25, sur les *Cahiers vaudois* ; pp. 46-7, sur l'*Histoire du soldat*.
Photos : p. 174, avec Ramuz lisant l'*Histoire du soldat* ; p. 175, reprise de l'*Histoire du soldat* au Grand Théâtre de Genève en 1946.

ANSERMET, Ernest, « Portrait de Ramuz », *Bulletin de la Fondation C. F. Ramuz*, an. 1983, pp. 5–13.
Texte déjà publié en 1968 en postface à *Si le soleil ne revenait pas*, Éditions Mazenod [Bibl. B. V. 52*f*].

ANSERMET, Ernest, « Portrait de Ramuz », pp. 227–34 in *Écrits sur la musique*, publiés par Jean-Claude PIGUET, nouvelle édition revue (Neuchâtel, À la Baconnière, 1983).

BEDAT, Arnaud, « Une Amitié exceptionnelle évoquée par deux témoins. Igor Stravinski et C. F. Ramuz ou *L'Histoire du soldat* », *Le Démocrate*, 31 mai 1983.

BOILLAT, Gabriel, « L'Accueil de Ramuz en France (1921–1926) », pp. 45–111 in *C. F. Ramuz 1 : "Études ramuziennes"*.

BOURGEOIS, René, « Éléments pour une symbolique de la montagne chez Giono et Ramuz », pp. 11–23 in *C. F. Ramuz 1 : "Études ramuziennes"*.

BRÄNDLI, Paolo, « *Farinet* von Ramuz », *Der Kleine Bund*, 9 Juli 1983.
    C.r. de 84E1 : *Farinet*, traduction en bernois de H. U. SCHWAAR. Critique élogieuse de la traduction, H. U. Schwaar ayant su transposer la noble rudesse de la langue de Ramuz.

BRANTSCHEN, Markus, « Radio Suisse romande Sucht Statisten für Ramuz-Film : Blonde und Dunkle », *Walliser Volksfreund*, Nr. 229, 1983, p. 9.
    Remarque sur la représentation cinématographique de *La Séparation de races*.

B[RATSCHI], G[eorges], « Après Ramuz... », *Tribune de Genève*, 7-8 mai 1983, p. 25.
    Commentaire à propos du film de Max Haufler d'après *Farinet*, réalisé en 1938. Actualité des propos prêtés par Ramuz à Farinet.

BUCHET, Gérard, « Albert Béguin et Ramuz », pp. 188-9 in *C. F. Ramuz 1 : "Études ramuziennes"*.
    Béguin et les Éditions de La Baconnière. Valeur du texte de Béguin, « Patience de Ramuz ».

1983 RAMUZ critique

BUDRY, Paul, « Ramuz », *Bulletin de la Fondation C. F. Ramuz*, an. 1983, pp. 14–9.
Texte déjà publié le 27 mai 1947 dans la *Feuille d'avis de Lausanne* [Bibl. B.V. 1247].

BURDET, Jacques. *La Musique dans le canton de Vaud*. Lausanne, Payot, 1983. 431 p. (« Bibliothèque historique vaudoise », n° 72).
Quelques passages en rapport avec Ramuz : p. 131, les soirées de Lausanne, pp. 201-2, l'*Histoire du soldat*.

BURGAUER, Arnold, « C. F. Ramuz in seinem *Tagebuch* : das Leben leidenschaftlich zu lieben », *Schweizer Feuilleton—Dienst*, 1 März 1983, pp. 2-3.
Commentaires sur la traduction allemande, 82E3 : *Tagebuch*....

BURGAUER, Arnold, « *Aline*, ein Frühwerk von C. F. Ramuz », *Schweizer Feuilleton—Dienst*, 31 Mai 1983, p. 7.
Article identique dans *Thurgauer Volksfreund*, 29 Juli 1983. 83E1.

● *C. F. Ramuz 1 : " Études ramuziennes "*. Jean-Louis PIERRE ed.. Paris, Lettres Modernes, 1983. 205 p (Coll. « La Revue des lettres modernes »).
Voir BOILLAT, BOURGEOIS, BUCHET, DENTAN, MARKEVITCH, PARATTE, PARRIS, PIERRE, RENAUD.

CHESSEX, Jacques, « Préface », pp. 7–12 in RAMUZ, *Poésies* [83A5].
Intérêt de réunir en un seul volume les poésies de Ramuz : mieux percevoir leur fraîcheur. Spécificité de chacun des recueils.

CHESSEX, Jacques, « Le Retour en force de Ramuz », *24 heures*, 15-16 janv. 1983, p. 36.

CHESSEX, Jacques, « Ramuz poète », *24 heures*, 24-25 sept. 1983, p. 45.
Remarques sur la valeur de l'œuvre poétique. Reproduction d'un manuscrit de Ramuz : « Amour ». Deux photos : Ramuz et Ansermet, Ramuz.

CINGRIA, Charles-Albert, « Le Langage de Ramuz », *Bulletin de la Fondation C. F. Ramuz*, an. 1983, pp. 20–2.

> Texte publié à plusieurs reprises. Ce texte occupe les pages 272–4 du volume 9 des *Œuvres complètes* de Cingria publiées par les Éditions L'Âge d'Homme.

CLERC, Jean, [Lettres] in *Jean Clerc ou l'élection précoce* (Lausanne, L'Âge d'Homme, 1983. 155 p. [Coll. « Le Bruit du temps »]).

> Ramuz est présent dans quelques lettres. Dans une lettre à Marguerite Clément, Jean Clerc dit son intérêt pour les *Cahiers* qui deviendront les *Souvenirs sur Igor Strawinsky* (p. 55), il fait référence à Ramuz qui a su exprimer la « *véritable poésie de la montagne* » (p. 56). Dans une lettre à Edmond-Henri Crisinel datée du 30 juillet 1931, il fait allusion au voyage au Grand Saint-Bernard auquel participa Ramuz (p. 103).

COLOMBO, Gigi, « Introduzione », pp. V–XI in RAMUZ, *Jean-Luc perseguitato* [83E3].

CREUX, Georges, « Une *Histoire du soldat* inattendue », *24 heures*, 7-8 mai 1983, p. 25.

> Commentaire sur une mise en scène de l'*Histoire du soldat* lors du 28e festival international de Lausanne.

DENTAN, Michel, « Autour de *Joie dans le ciel* ou l'histoire d'un rêve obsédant », pp. 25–44 in *C. F. Ramuz 1 : " Études ramuziennes"*.

DENTAN, Michel, « *Les Circonstances de la vie* et la naïveté ramuzienne », pp. 57–81 in *Le Texte et son lecteur* (Lausanne, L'Aire, 1983. 130 p. [Coll. « L'Aire critique »]).

> Voir 1985 MICHEL.
> Situation du narrateur dans le roman; tension dans l'écriture romanesque.

DESARZENS, Corinne, [c.r.,] *Tribune de Genève*, 20 oct. 1983.

> Remarques sur l'adaptation d'*Adam et Ève* par Michel Soutter pour la télévision.

Dous, Gérard, « Michel Soutter a tourné *Adam et Ève* de Ramuz sur les bords du Léman », *Le Dauphiné libéré*, 31 juil. 1983, p. 5.

Présentation du travail du metteur en scène suisse Michel Soutter. Perception de l'œuvre de Ramuz par M. Soutter (il songe à *Pierrot le fou* à propos de cette œuvre). Une photo : Véronique Genest — qui joue Lydie — en plein tournage.

Ernest Ansermet, 1883–1969. Catalogue de l'exposition organisée par la Bibliothèque Cantonale et Universitaire de Lausanne pour le centenaire de la naissance d'Ernest Ansermet. Catalogue réalisé sous la direction de Jean-Louis MATTHEY. Lausanne, Bibliothèque Cantonale et Universitaire, 1983. 243 p.

Commentaire pp. 57-8 sur les relations d'Ansermet avec Ramuz. Illustrations, voir nos 58–66.
Voir JAKUBEC.

GEHRING, Marco, « Espace et identité chez Ramuz », *Degrés*, 11e année, nos 35-36, automne-hiver 1983, pp. 1–11.

GORJAT, Pierre, « On va venir, on va oser... », *Tribune de Lausanne*, 28 mai 1983.

Commentaire sur une mise en scène de l'*Histoire du soldat* lors du 28e festival international de Lausanne. Originalité des choix de mise en scène : protagonistes en salopettes, hormis la princesse, afin de créer une certaine unité, séquences dites en chœur...

GRIN, Micha. *Terre et violence ou l'itinéraire de Maurice Zermatten.* Lausanne, Pierre-Marcel Favre, 1983. 186 p.

Sur les premiers contacts entre Zermatten et Ramuz, l'audience de Ramuz auprès de Zermatten, voir pp. 154-5.

GUYOT-NOTH, Elisabeth, [c.r.,] *Der Bund*, 23 Juli 1983.

Sur l'adaptation pour la télévision d'*Adam et Ève* par le cinéaste Michel Soutter.

HARTLING, Peter, [c.r.,] *Büchertagebuch*, 1983, pp. 241–3.

Remarques sur la traduction allemande, 82E3 : *Tagebuch....*

HARTLING, Peter, [c.r.,] *Frankfurter Allgemeine Zeitung*, 19 März 1983.
82E3.

HELWIG, Werner, [c.r.,] *St Galler Tagblatt*, 24 März 1983.
82E3.

HEISSENBUTTEL, Helmut, « Das Poetische liegt im Tonfall : Charles-Ferdinand Ramuz und sein *Tagebuch* », *Suddentsche Zeitung* [Munich], 22-23 April 1983.
Remarques sur le *Journal* [82E3], expression d'une voix singulière.

HOFMANN, R., [c.r.,] *Weltwoche*, 22 Juni 1983, p. 31.
82E3.

HUBER-STAFFELBACH, Margrit, « Ramuz — neu aufgeleft und neu übersetz », *Vaterland*, 24 Juni 1983, p. 13.

HUDRY, François. *Ernest Ansermet pionnier de la musique*. Lausanne, L'Aire, 1983. 222 p. (Coll. « L'Aire musicale »).
Voir pp. 41–4 sur *Renard*, pp. 44–6 sur *Noces*, pp. 57–61 sur l'*Histoire du soldat*.

HUONKER, Gustav, « Die Einsamkeit des Dichters als Krafquelle das *Tagebuch* von C. F. Ramuz », *Tages-Anzeiger*, 9 März 1983.
82E3.

ISPERIAN, Gabriel, « L'Amour et l'art dans une œuvre de Ramuz », *Les Échos de Saint-Maurice*, n° 79, 1983, pp. 10–8.
G. Isperian cerne les traits dominants, selon lui, du roman *Adam et Ève* : présence de la mort, séparation entre les êtres, aspiration à la communion vaine. G. Isperian regrette que les références à l'Écriture sainte — à la différence de ce que propose Claudel dans la « Cinquième Ode » — ne s'accompagnent pas d'une réflexion sur la grâce.

JAKUBEC, Doris, « Présentation », pp. 1–4 in RAMUZ, *Nouvelles, croquis et morceaux, 1909–1912* [83A3].
Situation des textes réunis. Notes bibliographiques, pp. 5-6.

JAKUBEC, Doris, « Présentation », pp. 1–4 in RAMUZ, *Nouvelles, croquis et morceaux. 1913–1920* [83A4].
Situation des textes. Notes bibliographiques, p. 5.

JAKUBEC, Doris, « Les *Cahiers vaudois* et Ernest Ansermet », pp. 68-9 in *Ernest Ansermet, 1883–1969* (Lausanne, Bibliothèque Cantonale et Universitaire, 1983. 243 p.).

KAPPELER, Walrud, « Die Liebe zum Wahren ist nicht die Liebe zum Genauen. Zur deutschen Ausgabe des Tagebuchs von C. F. Ramuz », *Zürichsee-Zeitung*, 14 Januar 1983, p. 8.
82E3.

KATZ, Pierre, « Ramuz moderniste. (Le français est-il une patrie ?) », *Information culturelle SPS*, 31 janv. 1983, pp. 1-2.
Ramuz et la langue. Parallèle avec d'autres écrivains confrontés au problème de la langue. Jugement sévère sur Ramuz : « *Moderne quant à sa langue de l'intérieur, celle de l'esprit. Étriqué relativement à son Destin culturel.* »

KATZ, Pierre, « L'Échec de C. F. Ramuz », *Information culturelle SPS*, 17–24 oct. 1983.

LÉGERET, Jean-Pierre, [c.r.,] *Coopération*, 22 sept. 1983, n° 38.
Sur *Adam et Ève* par Michel SOUTTER. Intérêt de cette adaptation.

MARKEVITCH, Igor, [sur Ramuz,] pp. 173–82 in *C. F. Ramuz 1 : " Études ramuziennes"*.
Choix d'extraits de *Être et avoir été* (Paris, Gallimard, 1980). Originalité de *L'Histoire du soldat*. Ramuz dans l'intimité. Collaboration entre Ramuz et Markevitch.

MARTIN, Isabelle, « Ramuz en 1905 : plaire voilà le danger », *Journal de Genève*, 24 sept. 1983, samedi littéraire.
83A3.

MARTIN, Isabelle, « Adam et Ève sur les bords du Léman », *Gazette de Lausanne*, 22-23 oct. 1983, samedi littéraire, p. I.

MÉNARD, Nathan, [Sur *Derborence*,] pp. 170–9 in *Mesure de la richesse lexicale* (Genève, Slatkine, 1983).

NEUMANN, Heinz, [c.r.,] *Einkaufszentrale für öffentliche Bibliotheken*, Nr. 7, 1983.
  C.r. de la traduction en allemand, 83E1 : *Aline*.

NOGUÈS, Marius, « Ramuz le paysan », *Plein Chant*, nos 16-17, juil.–oct. 1983, pp. 75–84.
  Réédition d'un texte paru dans *Contes de ma lampe à pétrole* (Rodez, Subervie, 1973) — recueil réédité par les Éditions Plein Chant en 1984 dans la collection « Voix d'en bas ».
  Marius Noguès salue les mérites d'un écrivain qui « *a su parler de la terre ! sans trop de gestes, avec une voix comme enrouée par l'émotion de la profondeur de son amour* », qui a su « *détruire le style noble et salonnard* », lui préférant le « *parler direct* ».
  Marius Noguès est un paysan qui écrit, lecteur attentif de l'œuvre de Ramuz, « *fidèle compagnie et véritable présence-manifeste* » dans son cabinet de travail, selon Guy Bordas, auteur d'une « Présentation de Marius Noguès écrivain paysan gascon », pp. 8-9 dans les nos 16-17 de *Plein Chant*.

PARATTE, Henri-Dominique, « Techniques narratives et usages du cinéma chez C. F. Ramuz », pp. 113–27 in *C. F. Ramuz 1 : " Études ramuziennes "*.

PARRIS, David L., « Ramuz et les trois servitudes du verbe », pp. 129–46 in *C. F. Ramuz 1 : " Études ramuziennes "*.

PASQUALI, Adrien, [c.r.,] *Choisir*, no 287, nov. 1983, p. 39.
  83A3.

PERRET, Francès, « Un Cousinage rhodanien : Frédéric Mistral et Charles-Ferdinand Ramuz », *L'Astrado*, no 19, 1983, pp. 112–21.

PERRIER, Anne, « Entretien avec Anne Perrier », *Swiss-French Studies*, Vol. IV, no. 1, May 1983, pp. 67–76.
  Ramuz est souvent cité. L'accent est mis sur son exemplarité.

PIERRE, Jean-Louis, « Présentation », pp. 2–6 in *C. F. Ramuz 1 : " Études ramuziennes"*.
  Situation de Ramuz aujourd'hui. Modernité de Ramuz, dans l'écriture et dans la thématique.
  Voir aussi pp. 171-2 note sur Ramuz et Markevitch ; p. 184 note sur la correspondance Béguin–Ramuz ; p. 190 note sur deux brouillons inédits de Ramuz.

PIERRE, Jean-Louis, « Éléments bibliographiques 1905–1983 », *Les Amis de C. F. Ramuz*, n° 3, 1983, pp. 61–80.

POULET, Georges, « Ramuz et l'espace fermé », pp. 77–83 in *Scritti in onore di Giovanni Macchia* (Milano, A. Mondadori, 1983. vol. 1).
  Caractères de l'être ramuzien : conscience aiguë du monde environnant ; référence à une assise physique, à un espace circulaire, son espace natal ; perception du général nourrie de la connaissance du particulier ; inquiétude quant à un possible rétrécissement de son espace (illustrations : « Une main » et thème du brouillard dans plusieurs œuvres).

● POULOUIN, Gérard. *Carnet bibliographique C. F. Ramuz : Œuvres et critique (toutes langues) 1975–1979*. Paris, Lettres Modernes, 1983. 42 p.

RENAUD, Philippe, « Passages et messages — introduction à la topographie ramuzienne », pp. 147–67 in *C. F. Ramuz 1 : " Études ramuziennes"*.

RENAUD, Philippe, « L'Espace ramuzien : images et système de signes. L'exemple de *Passage du Poète* », *Degrés*, 11ᵉ année, nᵒˢ 35-36, automne-hiver 1983, pp. k1–k11.
  « *Quelques pages d'un livre en voie d'achèvement sur Ramuz* ».
  Intérêt du passage choisi pour examen : le récit se présente

comme un art poétique, Ramuz y pratique la mise en abyme...
Problème des relations de l'espace « réel » et de l'espace littéraire
traité par Ramuz.

RIVAZ, Alice. *Traces de vie, Carnets 1939–1982.* Vevey, Bertil
Galland, 1983. 363 p.
Nombreuses références à Ramuz.
Dans un passage apparaît Jouve lecteur de Ramuz : août 1943 :
« [...] *quelle surprise : c'est Pierre Jean Jouve* [...] *lui aussi me
demande si j'ai lu l'article dans le Journal de Genève, et il ajoute :
"Du tout grand Ramuz... non pas le Ramuz des petits romans
locaux, mais le grand Ramuz, le seul qui restera, l'universel,
celui de* Taille de l'homme *et de* Besoin de grandeur [...].»
(pp. 34-5).

ROULET, Odette, « Plaisir de lire », *Cahiers protestants*, n° 5,
1983, pp. 34–6.

SCARAMIGLIA, Viviane, « Relire C. F. Ramuz », *La Suisse*,
25 nov. 1983, p. 44.
C.r. de 83A3 : *Nouvelles....*
Ramuz sort du purgatoire : « [...] *voici venu le temps de la reconnais-
sance* ».
Une photo de Ramuz.

SCHWAAR, Hans Ulrich, « Farinet : Dichtung und Wahreit », *Der
Kleine Bund*, 9 Juli 1983, p. 2.
Farinet dans l'Histoire, Farinet vu par Ramuz, Farinet vu par le
cinéaste Haufler. Remarques sur sa traduction en allemand bernois et qui paraîtra en 1984.
84E1.

SICHLER-WOLFF, Nathalie, « Aimé Fache, peintre vaudois : une
provocation prophétique », *Les Amis de C. F. Ramuz*, n° 3,
1983, pp. 9-10.

SOMMER, Hans, « C. F. Ramuz : *Derborence* », *Der Kleine Bund*,
10 September 1983, pp. 2-3.

STAROBINSKI, Jean, « Le Dialogue de Stravinsky et d'Ansermet »,
Revue musicale de la Suisse romande, XXXVI, n° 1, mars
1983.

T. Th., « Ich Komme zu mir selbst zurück », *Der Kleine Bund*,
9 April 1983, p. 1.
> Présentation du Journal de Ramuz, complément essentiel à l'œu-
> vre, puisqu'il permet de mieux connaître l'auteur, son style, ses
> préoccupations...
> Une photo de Ramuz. Article identique dans *Aufbau* [New York],
> 16 sept. 1983.
> 82E3.

TERRY, Thomas, « Leidenschaftlich geliebtes Leben : die Tagebü-
cher von C. F. Ramuz. Ergänzung zum dichterischem Werke »,
Solothurner Zeitung, 5 Mai 1983.
> 82E3.

THELER, Luzius, « Was fehlt sind Statisten », *Walliser Bote*,
Nr. 240, 1983, p. 11.
> C.r. de l'adaptation cinématographique de *La Séparation des
> races*.

TISONNIER, Louis, « Le Haut-Valais devient-il le Cinècittà du
canton ? », *Nouvelliste du Valais*, n° 258, 1983, p. 16.
> Remarques sur *La Séparation des races* porté à l'écran.

VALLON, Claude, [c.r.,] *Radio-TV — Je vois tout*, n° 29, 1983,
p. 38 et n° 41, 1983, pp. 44-5.
> Sur l'adaptation pour la télévision du roman *Adam et Ève* par le
> cinéaste Michel Soutter.

VANNI, Italo, « Un Bisogno di grandezza », pp. V–X in RAMUZ,
La Guerra ai documenti [83E2].
> Réflexions sur les thèmes abordés par Ramuz dans ses essais et
> romans, sur l'actualité des œuvres ramuziennes.

VIRCONDELET, Alain. *Tant que le jour te portera.* Paris, Albin Michel, 1983. 215 p.

> Ramuz est présent dans quelques pages de ce roman. P. 53 : Ramuz associé à Barrès, Colette, Sand, Arland, exemples de « littérature régionale et de terroir ». P. 81 : Ramuz associé à Montaigne, Lamartine, Giono, Barrès, « écrivains de la terre ».

WALZER, Pierre-Olivier, « Comment Ramuz s'est forgé une esthétique », *Journal de Genève*, 22-23 oct. 1983, samedi littéraire, p. II.

> C.r. de 1982 FROIDEVAUX.
>
> Intérêt de l'ouvrage de G. Froidevaux : « *replonger Ramuz dans son époque* » lors de son séjour parisien ; analyser la part prise par la notion de vie dans la réflexion critique de Ramuz.

WANGERMEE, Robert, « Histoire du soldat de Ramuz et Stravinsky », *Micro Magazine* [Bruxelles], 22 janv. 1983.

WEDER, Heinz, « C. F. Ramuz : " Derborence " », *Der Kleine Bund*, Nr. 212, 10 September 1983, pp. 2-3.

> Réflexions sur le *Journal* de Ramuz. Nombreuses citations.
>
> Réflexions sur l'écriture ramuzienne, illustrées par un examen de *Derborence*.

WEISS, Marcel, « Les Voix de l'exil : les musiciens expatriés », *Feuilles*, n° 5, été 1983, pp. 24–8.

> Ramuz et Stravinsky, p. 26.

WHITE, Eric Walter. *Stravinsky.* Paris, Flammarion, 1983. 622 p. (Coll. « Harmoniques »).

> Sur Ramuz et Stravinsky en Suisse, voir pp. 56-7, 60, 65.
>
> Sur l'*Histoire du soldat*, voir pp. 70–3, et pp. 285–95.
>
> Sur le *Petit Ramusianum harmonique*, voir pp. 126-7, et p. 410.
>
> Sur *Quatre chansons russes*, voir pp. 297–301.

1984

(classement alphabétique de périodiques contenant des articles anonymes)

Le Courrier picard
***, « Violences dans les alpages » (7 déc. 1984, suppl. télévision).
C.r. du film de P. Koralnik, *Le Rapt*. Une photo : Heinz Bennent,
le colporteur.

L'Est républicain
***, « *Le Rapt* » (12 déc. 1984).
C.r. du film de P. Koralnik, adaptation fidèle du roman de
Ramuz.

L'Est vaudois
***, « *Le Rapt* » (26 nov. 1984).
Hommage chaleureux à un film « *qui ne manquera pas de faire
du bruit* [...] *lors de sa diffusion à l'étranger* ». Jeu des comé-
diens excellents.
Même texte dans *La Liberté* du 26 novembre 1984. Article intitulé
« Une Tragédie campagnarde ».

L'Express
***, « *Le Rapt* » (7 au 13 déc. 1984).
Article élogieux sur le film de P. Koralnik.

La Liberté
***, « Ramuz revisité » (24-25 nov. 1984).
C.r. du film de P. Koralnik. Réserves sur le titre adopté.

Le Nouvel observateur
***, « *Le Rapt* » (7 au 13 déc. 1984).
Article plein d'ironie sur le film de P. Koralnik.

Presse-Océan
***, « *Le Rapt* » (12 déc. 1984).

> Présentation de la vie et de l'œuvre de Ramuz. Résumé de l'intrigue du film de P. Koralnik. Une photo : P. Clémenti et D. Silverio.

Télé K7
***, « *Le Rapt* » (8 au 14 déc. 1984).

> Présentation du réalisateur P. Koralnik, de Heinz Bennent qui joue le rôle du colporteur. Résumé de l'histoire. Jugement positif sur le film.

Télé Magazine
***, « Pierre Clémenti un ravisseur » (8 au 14 déc. 1984).

> Résumé de l'intrigue du film de P. Koralnik. Présentation de Ramuz, Koralnik, de Clémenti.

Télépoche
***, « *Le Rapt* » (8 au 14 déc. 1984).

> Présentation du climat du film de P. Koralnik. Note sur « Clémenti paysan ».

Télé star
***, « *Rapt* » (3 déc. 1984).

> Jugement positif sur le film de P. Koralnik. Deux photos : Frieda (D. Silverio) et Firmin (P. Clémenti); la mère (Elizabeth Kaza).

La Tribune de Genève
***, « Un Téléfilm romand "tournebouland" » (12 déc. 1984).

> Choix de commentaires parus dans la presse française sur le film de P. Koralnik, *Le Rapt*.

Radio-TV — Je vois tout
***, « Cinq manières d'écouter "Lieu-dit : *Derborence*". Spectacle fleuve au Diorama de la musique 1984 » (n° 18, 1984, p. 55).

Le Républicain lorrain
***, « Violences dans les alpages » (6 déc. 1984).
    C.r. du film de P. Koralnik. Même texte que dans *Le Courrier picard.*
    Une photo : P. Clémenti et D. Silverio.

La Wallonie
***, « Rapt » (12 déc. 1984).
    C.r. du film de P. Koralnik.
    Une photo : P. Clémenti et Elizabeth Kaza.

*

ADOR, Jacques-Henri, « Au-delà des liens et du mal », *Tribune-Le Matin*, 25-26 nov. 1984, p. 37.
    Résumé de l'intrigue du film de Pierre Koralnik, *Le Rapt.* Jugement plutôt positif sur le film.

ALTWEGG, Jürg, [c.r.,] *St Galler Tagblatt*, 16 Mai 1984.
    C.r. de 84E4 : *Das Dorf....*

AUCHLIN, Pascal, « Cécile Cellier, épouse de Ramuz, artiste peintre. "Viens à côté de moi, femme...", *24 heures*, 2-3 juin 1984, p. 3.
    Notes sur Cécile Cellier, son œuvre, la réception et le devenir de celle-ci. Illustrations : *Tête de vieille* (vers 1900), *Plateau de fruits* (vers 1910), *Muzot* (1928), tableaux de Cécile Cellier.

AUDÉTAT, Daniel, « Ansermet, Ramuz et les autres », *Gazette de Lausanne*, 15 mars 1984, p. 7.
    Commentaires sur les *Cahiers vaudois* à partir d'une conférence de Doris Jakubec donnée dans le cadre des jeudis du Conservatoire.

B.N., « Pierre Clémenti a délaissé le cinéma pour la télévision », *Paris-Normandie*, 12 déc. 1984.
    Tableau de la carrière de l'acteur. Une photo : P. Clémenti et D. Silverio, acteurs du film *Le Rapt.*

BARBOT, Philippe, « *Le Rapt* », *Télérama*, n° 1821, 5 déc. 1984, pp. 101-2.
> C.r. du téléfilm *Le Rapt*, réalisation de P. Koralnik, diffusé sur Antenne 2 le 12 décembre 1984. Présentation de l'écrivain vaudois. Qualités du téléfilm. Critique enthousiaste. Une photo de Pierre Clémenti.

BEAULIEU, Jacqueline, « La Réconciliation des races n'est pas pour demain », *Le Soir*, 12 déc. 1984.
> C.r. du film de P. Koralnik *Le Rapt*. Présentation de l'intrigue. Accent mis sur la violence et l'obscurantisme des paysans vaudois.

BOILLON, Colette, « *Le Rapt* », *La Croix*, 7 déc. 1984.
> Présentation de l'intrigue du film de P. Koralnik. Jugement plutôt sévère : « [...] *au fur et à mesure que folklore et tragédie antique se conjuguent sur fond de ranz des vaches, on se dit quand même que trop c'est trop* [...]. »

BOURGEOIS, René, « L'Intime et ses demeures chez Claudel et Ramuz », pp. 25–38 in *C. F. Ramuz 2 : "Autres éclairages..."*.

BUCHET, Gérard, « Petit hommage à Hans Ulrich Schwaar », *Bulletin de la Fondation C. F. Ramuz*, an. 1984, pp. 5-6.

BURGAUER, Arnold, [c.r.,] *Schweizer Feuilletondienst*, Nr. 22, 1984, pp. 5-6.
> C.r. de 84E4 : *Das Dorf...*.

CASPARY, Michel, « *La Grande guerre de Sondrebond* aux Faux-Nez : l'irrésistible plaisir de l'intelligence », *24 heures*, 29-30 déc. 1984, p. 19.
> Présentation du spectacle donné au Faux-Nez avec le comédien Armand Abplanalp.

● *C. F. Ramuz 2 : "Autres éclairages..."*. Jean-Louis PIERRE ed.. Paris, Lettres Modernes, 1984. 185 p. (Coll. « La Revue des lettres modernes »).
> Voir BOURGEOIS, FROIDEVAUX, GUÉGAN, KABUTO, PARATTE, PIERRE, PYTHON, SAMIVEL, SICHLER-WOLFF.

Charles-Albert Cingria 1883–1954. Catalogue de l'exposition organisée par l'Association des Amis de C.-A. Cingria, la Bibliothèque nationale suisse de Berne, la Bibliothèque nationale française avec l'appui de la Fondation Pro Helvetia, 1er–28 mars 1984. Paris, Bibliothèque Nationale, 1984. 7–85 p.
Voir « Entrée en littérature : des Pénates d'argile aux Cahiers Vaudois ». Amitié avec Ramuz, pp. 45–7.

CHARRIÈRE, Christian, « La Vie dans les plis », *Le Quotidien de Paris*, 12 déc. 1984.
Quelques lignes sur le film de P. Koralnik, *Le Rapt.*

COEN, Lorette, « Derborence en cinémascope », *L'Hebdo*, no 29, 19 juil. 1984, p. 42.
Reusser présente aux villageois d'Évolène son projet, porter à l'écran *Derborence.* Une photo : À Évolène, la fête au village.

COLOMBO, Gigi, « Traduire Ramuz en italien », *Les Amis de C. F. Ramuz*, no 4, 1984, pp. 65–90.

CREUX, Georges, « Diorama d'Yverdon : "Lieu-dit : Derborence". Ramuz—Mariétan, lecture-musique », *24 heures*, 7 mai 1984, p. 45.
Remarques sur Pierre Mariétan auteur d'une œuvre musicale inspirée par *Derborence* et sur la mise en œuvre de son « Lieudit : Derborence ».

DECAUNES, Luc, « Quelques notes concernant une adaptation radio de *La Beauté sur la terre* », *Les Amis de C. F. Ramuz*, no 4, 1984, pp. 106–15.

DEFAYE, Christian, « Merci Koralnik ! », *La Suisse*, 19 août 1984.
Critique très favorable du film de Koralnik, *Le Rapt* d'après *La Séparation des races* de Ramuz, « *une œuvre majeure* [...] *dans l'histoire du cinéma de ce pays* » : intelligence de l'adaptation, qualité du jeu des comédiens.

DEFAYE, Christian, « Un Thriller signé Ramuz », *La Suisse*, 25 nov. 1984, supplément Week-end.

> Article qui aborde divers sujets et non pas Ramuz seul. Un passage concerne le film de P. Koralnik, *Le Rapt* d'après *La Séparation des races*.

DELALOYE, Gérard, « Les Diables de la montagne », *L'Hebdo*, 19 juil. 1984, pp. 42-3.

> Notes sur les événements de 1714 qui ont nourri l'imaginaire collectif et sont à la source de la légende reprise par Ramuz, puis par Reusser.
> Une photo : Francis Reusser, vision de Val d'Hérens.

DENTAN, Michel, [c.r.,] *Revue d'histoire littéraire de la France*, n° 6, nov.-déc. 1984, pp. 985-6.

> C.r. de 1982 FROIDEVAUX.
> M. Dentan cerne les qualités de l'étude critique puis indique un point laissé en suspens par G. Froidevaux : « [...] *reste à voir dans quelle mesure l'œuvre poétique de Ramuz confirme ou remet en cause l'esthétique déclarée.* »

D[EYMARD], C[hristine], « Le Rapt », *Le Nouvel observateur*, 7–13 déc. 1984, pp. 26-7.

> Article plein d'ironie sur le film de P. Koralnik.

DUCREST, Fernand, [c.r.,] *La Liberté* [Fribourg], 13-14 nov. 1984.

> C.r. de 1982 FROIDEVAUX.

DULIÈRE, André, « Un Suisse romand au service des échanges culturels franco-finlandais Jean-Louis Perret (1895–1968) », *Choisir*, juin 1984, pp. 11–6.

> P. 14, Dulière évoque l'intérêt de Perret pour Ramuz : Perret tenta de faire traduire Ramuz en finnois, il fit des démarches auprès de l'Académie Suédoise en faveur de l'écrivain vaudois.

DUNOYER, Jean-Marie, « Passage du poète », pp. 71–7 in *Annecy* (Seyssel, Champ Vallon, 1984. 109 p. [Coll. « des villes »]).

> Notes sur les liens d'Anne-Marie Monnet, amie intime de Cécile Cellier, avec Ramuz. Note sur le séjour à Annecy de Ramuz invité par J.-M. Dunoyer.

DUPLAN, Antoine, « Drame en Alpe majeur », *L'Hebdo*, n° 47, 22 nov. 1984, p. 56.
> Résumé du film de P. Koralnik, *Le Rapt*. Des propos du réalisateur sur ce film et sur son œuvre sont rapportés.

DUPLAN, Antoine, « Ramuzique », *L'Hebdo*, n° 52, 26 déc. 1984, p. 47.
> Le critique précise ce qui a amené le comédien A. Abplanalp à jouer.

DURUSSEL, André, [c.r.,] *Espaces*, n° 102, 1984.
> 83A5 : *Poésies*.

F., Ph., « Le Rapt : magnifique et passionnant », *La Suisse*, 26 nov. 1984, p. 5.
> Vibrant hommage au film de P. Koralnik.

FRANCILLON, Roger, « Ramuz et *La Grande peur dans la montagne* : mythes helvétiques et malaise dans la civilisation », *Versants*, n° 6, 1984, pp. 7–19.
> Examen du roman. Vogue du passé dans l'œuvre de Ramuz et plus largement en Suisse dans les années Trente. Échec des transgressions contre l'ordre familial, naturel... Image d'une nature qui loin d'être idyllique traduit les angoisses du temps. Pour étayer son argumentation R. Francillon utilise des catégories empruntées à Gérard Mendel.

FRISCH, Max, [Sur Ramuz,] *Les Amis de C. F. Ramuz*, n° 4, 1984, pp. 42-3.
> Extrait du *Journal 1946–1954* (Paris, Gallimard, 1964), pp. 218-9.

FROIDEVAUX, Gérald, « Signe diabolique et diabolie du signe : une lecture du *Règne de l'Esprit malin* », pp. 67–85 in *C. F. Ramuz 2 : " Autres éclairages... "*.

G., C., « Énigmatique Daniela Silverio », *Femmes d'aujourd'hui*, 4–10 déc. 1984, p. XXIX.
> Entretien avec la comédienne qui joue dans le film de P. Koralnik, *Le Rapt*.

GABRIELLI, Stéphane, « *Le Rapt* », *Nice matin*, 12 déc. 1984.
> Ce qui est en jeu dans l'œuvre de Ramuz : le drame de l'incommunicabilité. Jugement favorable sur l'adaptation de P. Koralnik.

GALLAZ, Christophe, « Les Lettres romandes ? C'est *Aujourd'hui !* », *Tribune-Le Matin*, 16 déc. 1984, p. 6.
> Situation de la Suisse romande dans les années Trente. Présentation de la revue *Aujourd'hui*. Illustrations : Charles-Albert Cingria par MODIGLIANI, Stravinski et Ansermet par AUBERJONOIS.

GALLAZ, Christophe, [c.r.,] *Tribune-Le Matin*, 26 déc. 1984.
> Présentation d'un spectacle donné au Faux-Nez d'après *La Grande guerre du Sondrebond*.

GASTELLIER, Fabian, « L'Émission de la semaine : *Le Rapt* », *L'Unité*, 7 déc. 1984.
> « *De la grande télé* ». Réserve sur le jeu de Pierre Clémenti.

GENET, Lise, « Pierre Clémenti : je suis un homme libre », *Télé 7 jours*, 8–14 déc. 1984, pp. 86-7.
> Un passage est consacré à la perception de son rôle, dans *Le Rapt*, par P. Clémenti.

GILLIARD, Diane, « Daniela Siverio dans *Le Rapt*, l'antistar de Ramuz », *L'Illustré*, nº 47, 24–30 nov. 1984, supplément télé-hebdo.
> Présentation de la comédienne Daniela Silverio. Remarques sur le film de P. Koralnik.

GIOVANARDI, Stefano, « Préfazione », pp. 1–5 in *La Guarigione delle malattie* [84E2].
> S. Giovanardi résume le roman et précise en quoi c'est une étape importante dans l'œuvre de Ramuz.

GSTEIGER, Manfred, « L'Écrivain suisse et les capitales allemande et française : l'exemple de Keller et Ramuz », *Revista de Istori si Teorie Literara* [Bucarest], oct.–déc. 1984, pp. 112–6.
> Voir 1986 GSTEIGER.

GUÉGAN, Gérard, [Sept heures du soir,] pp. 135-6 in *C. F. Ramuz 2 : " Autres éclairages... "*.

GUIGOZ, Édouard, « Le Pari impossible de Reusser », *Radio-TV — Je vois tout*, n° 40, 1984, p. 64.
C.r. du film *Derborence*.

HAMASAKI, Shiro, « Un Manuscrit d'*Aline* de C. F. Ramuz », *Les Amis de C. F. Ramuz*, n° 4, 1984, pp. 49–63.
Parallèle entre le manuscrit d'*Aline* de 1904 et la première édition de 1905. Le personnage d'Aline dans l'œuvre ramuzienne.
Première page du manuscrit reproduite pp. 46-7.

HUBER-STAFFELBACH, Margrit, [c.r.,] *Vaterland*, 6 Juli 1984.
C.r. de 84E4 : *Das Dorf...*.

HUBER-STAFFELBACH, Margrit, [c.r.,] *Vaterland*, 3 Dezember 1984.
C.r. du film *Le Rapt*.

JAKUBEC, Doris, « Introduction », in *Aujourd'hui*, 5 déc. 1929–31 déc. 1931 (n°s 1–109).
Texte non paginé. Il occupe six pages.
Histoire de la revue, examen des grandes orientations de la revue, réflexions sur la mise en page.

JAKUBEC, Doris, « C. F. Ramuz », *Helikon*, 30, n°s 2–4, 1984.

KABUTO, Hirokuni, « Introduction de C. F. Ramuz au Japon », pp. 149-62 in *C. F. Ramuz 2 : " Autres éclairages... "*.

KAPPELER, Waltrud, [c.r.,] *Vaterland*, 11 Mai 1984, p. 10.
C.r. de 84E4 : *Das Dorf...*.

KAPPELER, Waltrud, « *Farinet* auf berndeutsch », *Zürich-Zeitung*, 7 Dezember 1984, p. 12.
Commentaires sur la traduction de *Farinet...* par H. U. Schwaar et sur les illustrations de Hans Berger.

KROL, Pierre-André, « Un Roman oublié de Ramuz porté à l'écran », *24 heures*, 26 nov. 1984, p. 50.

P.-A. Krol précise sa perception du roman, émet des réserves sur l'adaptation cinématographique réalisée par P. Koralnik de *Le Rapt*. « *La réalisation* [...] *a trop tendance à donner dans l'hystérie et à virer à l'expressionnisme* [...]. » Deux photos : Pierre Clémenti, Daniela Silverio et Teco Celio.

L., M.-D., « Pierre Clémenti a retrouvé le bonheur de jouer », *Le Parisien*, 12 déc. 1984.

Éloge du jeu de l'acteur dans le film de P. Koralnik, *Le Rapt*. Une photo : P. Clémenti et D. Silverio.

LANDRY, Freddy, « Le Rapt de Pierre Koralnik », *La Lutte syndicale*, 5 déc. 1984.

Jugement favorable sur le film adapté de *La Séparation des races*.

LEFORT, G[érard], « Rapt des champs », *Libération*, 12 déc. 1984.

Présentation pleine d'humour du film de P. Koralnik.

LICHANA, Adam DE, « Un Téléfilm ovationné », *Radio-TV — Je vois tout*, 6 déc. 1984.

Commentaire élogieux sur le film de P. Koralnik.

LOVAY, Jean-Marc, « *Le Rapt* : la séparation comme destin », *Journal de Genève*, 26 nov. 1984.

Page pleine de lyrisme d'un écrivain sur le film de P. Koralnik.

M., J., « *Le Rapt* », *L'Humanité dimanche*, 7 déc. 1984.

Critique très acerbe du film de P. Koralnik, *Le Rapt*. « *Il manque quelque chose à ce téléfilm pour être crédible : des personnages consistants. À défaut de cela, on a le curieux sentiment d'un machin fantomatique en toc, vaguement ridicule.* »

MAGNAN, Pierre, « Violences dans les alpages », *L'Yonne républicaine*, 12 déc. 1984.

Présentation de l'intrigue. Jugement très favorable.
Texte identique dans *Les Dernières nouvelles d'Alsace*, n° 102, 7 déc. 1984 (article intitulé « Les Deux suisses »). Version

abrégée dans *La Nouvelle République*, 7 déc. 1984 (article intitulé « Les Blonds et les bruns »).

MARTI, Anik, « La Montagne de Ramuz », *Le Figaro*, 12 déc. 1984, p. 28.
> C.r. du film de P. Koralnik, *Le Rapt*. Analyse de l'œuvre. Remarques sur le jeu des acteurs. Une photo : P. Clémenti et D. Silverio.

MILON, Colette, « L'Enlèvement de l'Alpine », *Sud-Ouest*, 12 déc. 1984.
> C.r. du film de P. Koralnik, *Le Rapt*. Rapprochement entre Ramuz et Giono, Koralnik et Pagnol.

MOREAU, Jean-Pierre, « C. F. Ramuz, *L'Amour du monde* », *Le Lérot rêveur*, n° 38, février 1984, pp. 97–9.

MOREL, Jean-Paul, « Entretien avec P. Koralnik. Pierre Koralnik : " Pourquoi j'ai adapté Ramuz pour la télé " », *Le Matin de Paris*, 12 déc. 1984.
> Volonté d'éviter le naturalisme dix-neuviémiste, souci de l'archaïque, de l'élémentaire. Une photo : P. Clémenti.

M[OREL], J[ean]-P[aul], « L'Enlèvement d'une Sabine au XIXᵉ siècle finissant », *Le Matin de Paris*, 12 déc. 1984.
> C.r. du film de P. Koralnik, *Le Rapt*. Fidélité de P. Koralnik à la pensée de Ramuz.

PARATTE, Henri-Dominique, « Présence du soleil dans l'espace ramuzien », pp. 39–66 in *C. F. Ramuz 2 : "Autres éclairages..."*.

PARKINSON, Michael Henry. *The Rural novel : Jeremias Gotthelf, Thomas Hardy, C. F. Ramuz*. Berne, P. Lang, 1984. 284 p. (« European University Studies ». Serie 18, Comparative literature, 36).

PARRIS, David L., « L'État actuel des études ramuziennes dans les pays de langue anglaise », *Les Amis de C. F. Ramuz*, n° 4, 1984, pp. 37–42.
> Cet article comprend une bibliographie, pp. 38–40 et diverses

observations sur l'accueil de Ramuz : traductions fort rares, travaux universitaires centrés sur la langue de Ramuz.

PASTORI, Jean-Pierre, « Strawinsky et ses amis peintres », *Journal de Genève*, 9–11 juin 1984, samedi littéraire, p. v.
>   C.r. d'une exposition donnée au Kunstmuseum de Bâle. Cette exposition accorde une large place à l'*Histoire du soldat*.

PIERRE, Jean-Louis, « Nombres, dates et guerre d'Espagne dans *Si le soleil ne revenait pas* », pp. 139–46 in *C. F. Ramuz 2 : " Autres éclairages... "*.

PIERRE, Jean-Louis, « Après-lecture », pp. 247–53 in RAMUZ, *Fête des vignerons* [84A3].
>   Situation du texte. Examen de quelques extraits de *Passage du Poète* et de *Fête des vignerons*. Place du vin et de la vigne dans l'œuvre de Ramuz.

PIERRE, Roger, « Dessins pour *Irène* », *Les Amis de C. F. Ramuz*, n° 4, 1984, pp. 91–4.

PITHON, Rémy, « Le Cinéma dans l'œuvre de Ramuz. L'œuvre de Ramuz sur les écrans », pp. 87–127 in *C. F. Ramuz 2 : " Autres éclairages... "*.

● PLUESS-POROLLI, Ursula. *Vivre, c'est lutter. Une étude sur la signification du conflit dans quelques œuvres de C. F. Ramuz*. Zürich, Université de Zürich, Faculté des Lettres, 1984.
  Mémoire de licence.

RIND, Anita, « Les " noirs " et les blonds », *Le Monde*, 8 déc. 1984.
>   C.r. du film de P. Koralnik, *Le Rapt*. Fidélité du réalisateur et de J. Probst, co-auteur avec lui du scénario, à l'esprit du roman de Ramuz.

ROMANESCO, Sylvie, « Des choses et leur poète... », *Écriture*, n° 22, printemps 1984, pp. 188–91.
>   C.r. de 83A3 et 83A4 : *Nouvelles...*.
>   Intérêt de l'ordre chronologique adopté par Doris Jakubec. Accent mis ici sur « *quelques thèmes chers à l'écrivain* ».

ROSAZZA, Brigitte, « Du côté de Cérenville, quand Lausanne faisait salon », *Voir Lettres, arts, spectacles* [Lausanne], n° 5, févr. 1984, pp. 10–2.

> Évocation de la personnalité de Madeleine de Cérenville qui fut à l'origine des soirées littéraires et artistiques à Lausanne de 1923 à 1933. Ramuz est cité comme l'un de ses soutiens pour ces Soirées.
> Nombreuses illustrations dont une photo de Ramuz et une photo de Pilet-Golaz, Cingria et Ramuz.

RUFFIEUX, Paulette, [c.r.,] *Journal de Genève*, 18 déc. 1984.

> Présentation du spectacle donné au Faux-Nez d'après *La Grande guerre du Sondrebond*.

SALEM, Gilbert, « *Sondrebond* de Ramuz : une grande guerre ou une grande fête », *24 heures*, 18 sept. 1984, p. 72.

> Présentation du spectacle donné au Faux-Nez sous la forme d'un « oratorio profane et souriant ». Présentation du comédien Armand Abplanalp, créateur du rôle de Jean-Daniel en 1957. Trois photos du comédien.

SALEM, Gilbert, « La Subjectivité jusqu'au feu », *24 heures*, 17 déc. 1984, p. 44.

> Histoire de la revue *Aujourd'hui*. Positions de Ramuz. Présentation de la revue : thèmes abordés, auteurs, illustrateurs.
> Illustrations : Ramuz par Auberjonois, Ramuz en compagnie de Paul Budry, une publicité parue dans *Aujourd'hui*.

SAMIVEL, « Dessins inédits pour *La Grande peur dans la montagne* », pp. 167–70 in *C. F. Ramuz 2 : " Autres éclairages... "*.

SANGUIN, André-Louis, « Le Traitement géographique chez C. F. Ramuz », *Bulletin de la société neuchâteloise de géographie*, n° 28, 1984, pp. 225–43.

SCHWAAR, Hans Ulrich, « Une Passion presque cinquantenaire », *Bulletin de la Fondation C. F. Ramuz*, an. 1984, pp. 7–9.

SCHWAAR, Hans Ulrich, « Ramuz in oberemmentaler Mundart : eine Textprobe », *Neue Zürcher Zeitung*, 19-20 Mai 1984, p. 68.

SICHLER-WOLFF, Nathalie, « L'Objectivation stylistique de Ramuz à travers trois étapes de son art romanesque », pp. 9–23 in *C. F. Ramuz 2 : "Autres éclairages…"*.

SOZZI, Giorgio P., « La Letteratura "suisse romande" oggi : rassegna 1982 », *Esperienze letterarie*, an. IX, n. 4, 1984, pp. 107–121.

SOZZI, Giorgio P., « La Letteratura "suisse romande" oggi : rassegna 1983 », *Città di Vita*, 1984, n. 5, pp. 439–46.

STEINEBACH, Sylvie, « Entre réalisme et fantastique », *L'Humanité*, 12 déc. 1984.
Remarques sur le film de P. Koralnik, *Le Rapt* — Réalisation soignée mais réserve sur l'adaptation.

UNGER, Catherine, « Le Ramuz de la montagne », *Le Monde*, 6 déc. 1984, supplément dans l'édition Rhône-Alpes.
Entretien avec le réalisateur du téléfilm *Le Rapt*, Pierre Koralnik.

V., J.-L., « Montagne d'obstacle pour l'amour en Suisse », *Midi libre*, 9 déc. 1984.
Examen de la thématique du film *Le Rapt*. Jugement favorable.

VALLON, Claude, « Locarno vaut bien deux jours… », *24 heures*, 13 août 1984.
Remarques sévères à propos du téléfilm de P. Koralnik, *Le Rapt*, dans un article consacré aux films présentés lors du festival de Locarno.

VALLON, Claude, « La Ballade de Koralnik », *Radio-TV — Je vois tout*, n° 47, 22 nov. 1984, pp. 9–11.
Entretien avec le cinéaste Pierre Koralnik, auteur du film *Le Rapt*.
Plusieurs photos du film.

VERNOIS, Paul, « Ramuz Charles-Ferdinand », pp. 1871–3 in *Dictionnaire des littératures de langue française*, sous la direction de J.-P. DE BEAUMARCHAIS, D. COUTY et A. REY (Paris, Bordas, 1984. Vol. PZ).

VERRIER, Geneviève, « Rude et sombre comme la brume des montagnes », *France-soir*, 12 déc. 1984.

> Sur le film de P. Koralnik, *Le Rapt*. Résumé de l'intrigue. Violence du décor, fatalité de la passion.

VOGEL, Éric, « *Le Rapt* d'après C. F. Ramuz », *La Tribune de Genève*, n° 274, 23 nov. 1984, supplément TéléTop.

> Spécificité de l'écriture de Ramuz. Fidélité des adaptateurs Jacques Probst et Pierre Koralnik à la thématique du roman de Ramuz. Qualité du jeu des comédiens, « des acteurs vrais ! ».

WATREMEZ, Jean-Claude, « Notes de lecture », *Les Amis de C. F. Ramuz*, n° 4, pp. 15–7 et pp. 20–36.

> Première partie : remarques à propos d'un article de M. Dentan paru dans *C. F. Ramuz 1 : "Études ramuziennes"* (1983). Deuxième partie : remarques en marge de l'édition de *Nouvelles, croquis et morceaux*, t. II et t. III [83A3 et 83A4].

ZEPPIERI, Carmine, « Albert Béguin lettore di Ch.-F. Ramuz », in *L'Avventura intelletuale ed umana di Albert Béguin* (Atti del convegno internazionale organizzato dall'Associazione culturale italo-francese. Catania, 20–24 maggio 1981 a cura di Maria Teresa Pruleio, Maria Luisa Scelfo, Barbara Pietro Vaccaro. Roma, Bulzoni, 1984. [« Biblioteca di cultura », 253]).

> Voir 1982 ZEPPIERI.

1985

(classement alphabétique des périodiques contenant des articles anonymes)

Journal du Jura
***, « Neuf contemporains de l'écrivain au parterre de l'Ancienne Couronne. C. F. Ramuz et son monde (les illustrateurs de Ramuz) » (27 août 1985).

Libération
*** [c.r.,] (24 janv. 1985, p. 38).
C.r. de 84A3 : *Fête des vignerons*. Dans l'entrefilet une confusion : « Après lecture de Pierre Jean Jouve ».

Magazine littéraire
***, « Ramuz » (nᵒ 215, févr. 1985, p. 9).
C.r. de 84A3 : *Fête des vignerons*.

La Nouvelle République
***, « Stravinsky et Ramuz mis en dessins » (25 déc. 1985).
Présentation du dessin animé de R. O. Blechman présenté sur Antenne 2 le 25 décembre 1985.

*

ALTWEGG, Jürg, [c.r.,] *Vaterland*, 17 September 1985, p. 13.
Présentation de la traduction en allemand du roman *Le Règne de l'Esprit malin*.

ALTWEGG, Jürg, « Von Ramuz bis Cingria : Welsche Autoren in deutscher Sprache », *Basler Zeitung*, 24 September 1985, p. 39.

AMIGUET, André, « *Les Cahiers vaudois* », *Le Messager*, 26 mars 1985.

AUBERJONOIS, Fernand. *René Auberjonois peintre vaudois.* Payot, Lausanne, 1985. 223 p.

> Auberjonois et Ramuz, pp. 44–7, p. 49, p. 63.
> L'*Histoire du soldat*, pp. 67–70.
> La brouille entre le peintre et l'écrivain, pp. 108–10.

BEDOUELLE, Guy-Th., [c.r.,] *Choisir*, n° 309, sept. 1985, pp. 29-30.

> Présentation du film *Derborence* de F. Reusser.

BOISDEFFRE, Pierre DE, « L'Ombre de Ramuz », pp. 421-2 in *Histoire de la littérature française des années 30 aux années 80* (Paris, Librairie Académique Perrin, 1985. T. 2).

BONARD, Olivier, « Le Souvenir d'un homme en marche... », *Études de lettres*, n° 3, juil.–sept. 1985, pp. 3–7.

> Notes sur la démarche critique de Michel Dentan. Voir pp. 5-6 sur l'approche de Ramuz par Dentan.

BRATSCHI, Georges, « Hauts et bas », *Tribune de Genève*, 26 avril 1985.

> Fidélité du cinéaste F. Reusser à Ramuz dans son film *Derborence*, intelligence de l'adaptation.

BRATSCHI, Georges, « Reusser rencontre Ramuz à Derborence », *Tribune de Genève*, 27-28 avril 1985, p. 19.

> Entretien avec le cinéaste F. Reusser. Intérêt de Reusser pour le roman ramuzien *Derborence*. Conditions de tournage du film. Fidélité de Reusser à lui-même.
> Une photo du film.

B[RATSCHI], G[eorges], « Les Palmiers sont coupés », *Tribune de Genève*, 18-19 mai 1985, p. 25.

> Trois paragraphes sont consacrés à la comédienne Isabel Otero, deux au film. Remarques acerbes sur les faiblesses de la promotion du film.
> Une photo : Isabel Otero.

BRATSCHI, Georges, « Ramuz, Farinet et les forains », *Tribune de Genève*, 16 août 1985, p. 35.
Présentation de Farinet faux-monnayeur, succès actuel du personnage. Valeur des œuvres de Ramuz, en particulier *Farinet ou la fausse monnaie* et *Le Cirque*.

BUACHE, Freddy, [c.r.,] *Tribune-Le Matin*, 28 avril 1985.
Présentation du film de Francis Reusser *Derborence*.

● *Catalogue du Fonds Ramuz*. Tours, Association des Amis de C. F. Ramuz et Bibliothèque de l'Université de Tours, 1985. 47 p.
Catalogue tiré à 300 exemplaires. Présentation du catalogue p. 3 et p. 5.

CESBRON, Georges, « Charles-Ferdinand Ramuz. Études ramuziennes », *L'École des lettres II* [second cycle], n° 8, 15 janv. 1985, pp. 29-30.
Intérêt des articles parus dans *Études ramuziennes 1* (1983). Plaidoyer pour Ramuz.

C. F. Ramuz écrivain suisse de langue française [exposition]. Caen, Bibliothèque centrale, 25 avril–7 mai 1985. Notice rédigée par Gérard Poulouin et publiée par l'Association des Amis des Bibliothèques de Caen [3 p.].
Voir PACHEU.

C. F. Ramuz et le Valais [exposition]. Sion, Maison de la Treille, 2 août–1er sept. 1985. Catalogue publié par la Municipalité de Sion. Sion, Archives communales, 1985. 94 p., ill.
Voir PACHEU.

CHALAIS, François, « Au Théâtre Grévin *L'Histoire du soldat* », *France-soir*, 8 janv. 1985.
F. Chalais insiste sur les mérites de la musique de Stravinsky et voit dans le texte un « *minuscule fabliau à la limite de la bêtification* ».

● CHAMOREL, Pierre. *Le Paradis dans l'œuvre de Ramuz*. Lausanne, Université de Lausanne, Faculté des Lettres, 1985. 76 p.

> Mémoire de licence.

CHAPALLAZ, Gilbert, « Une Heure avec... Ferenc Farkas », *Revue musicale de Suisse romande*, n° 2, juin 1985, pp. 85–7.

> Entretien avec le compositeur hongrois né en 1905. Ferenc Farkas précise, entre autres choses, ses liens avec la Suisse et Ramuz. Ferenc Farkas a composé un hommage à Ramuz.

C[HAPUIS], B[ernard], « De Ramuz à Reusser. *Derborence* à Cannes », *24 heures*, 19 avril 1985.

> B. Chapuis rapporte quelques propos du cinéaste F. Reusser comblé que son film soit présenté au Festival de Cannes, salue la reconnaissance du cinéma roman. Une photo : F. Reusser.

CHAPUIS, Bernard, « *Derborence* : de C. F. Ramuz à F. Reusser. La ruse et la vérité font bon ménage », *24 heures*, 22 avril 1985, p. 60.

> Entretien avec le cinéaste F. Reusser. Réflexions du cinéaste sur Ramuz, le cinéma suisse, l'élaboration de son film *Derborence*. Ill. : F. Reusser, une scène du film, un paysage alpin.

CHAPUIS, Bernard, « *Derborence* : ni oui, ni non, bien au contraire », *24 heures*, 20 mai 1985, p. 45.

> Plusieurs raisons sont avancées pour expliquer l'accueil plutôt réservé de la critique lors de la présentation du film de F. Reusser, *Derborence*, à Cannes.

CHAPUIS, Bernard, « La Montagne est belle », *24 heures*, 21 mai 1985, p. 49.

> Présentation de divers articles parus dans la presse française à propos du film *Derborence* de F. Reusser.

CHATTON, Pierre-François, « Haller comique troupier », *L'Hebdo*, n° 2, 10 janv. 1985, p. 46.

> Compte rendu du spectacle donné au Théâtre Grévin, à Paris, en janvier 1985.
> Entretien avec le comédien Bernard Haller.
> Une photo : Bernard Haller, lecteur et meneur de jeu.

CHAUVY, Laurence, « *Aujourd'hui* revoit le jour », *Nouvelle revue de Lausanne*, n° 27, 2 févr. 1985, p. 3.
Une grande part de l'article est consacrée à l'histoire de l'éditeur Slatkine. Quelques remarques sur les 109 numéros d'*Aujourd'hui*, leur actualité, l'éventail des thèmes abordés.

● *Chemins*, n° 15, spécial C. F. Ramuz, 1985. 26 p.
Numéro spécial d'une revue consacrée à la randonnée pédestre. Nombreux extraits de l'œuvre de Ramuz et diverses illustrations. Au dos de la couverture : « Un Chef d'œuvre : *Derborence* », par Jean-Louis PIERRE.
Voir l'article signé K. G., « Navigation et C. F. Ramuz », *La Suisse*, 18 mai 1985. La moitié de l'article présente le programme de l'organisation Chemins : marcher dans le pays de Ramuz, « *un beau programme tout imprégné de la littérature de C. F. Ramuz* ».

CHESSEX, Jacques, « Ramuz élémentaire », pp. 17–24 in *Les Saintes écritures* (Lausanne, L'Âge d'Homme, 1985. 219 p. [Poche Suisse n° 41]).
Réédition du recueil d'articles publiés par les Éditions Bertil Galland en 1972.
Le texte consacré à Ramuz reprend la préface à *La Mort du Grand Favre et autres nouvelles* [Bibl. B.V. 12 *h*].

CIMENT, Michel, « Un Reusser panthéiste », *Le Matin*, 20 mai 1985, p. 26.
Jugement contrasté sur le film *Derborence* de Francis Reusser.

CLERC, Jocelyne, « Spectacle Farinet à Sion : Robin des toits », *L'Hebdo*, 25 juil. 1985, pp. 40-1.
Présentation du spectacle donné à Sion en 1985, spectacle inspiré par divers écrits sur Farinet.

● CLIVAZ, Corinne. *C. F. Ramuz, ses personnages, ses nouvelles et ses morceaux*. Lausanne, Université de Lausanne, Faculté des Lettres, 1985. 121 p.
Mémoire de licence.

DANTHE, Michel, « *Derborence* : la passion de la montagne », *Journal de Genève*, 27-28 avril 1985.
Présentation du film de F. Reusser dont le protagoniste central

est la montagne, réflexions sur le projet du cinéaste.
Ill. : Isabel Otero jouant Thérèse.

DANTHE, Michel, « F. Reusser : la jouissance du territoire », *Journal de Genève*, 27-28 avril 1985, samedi littéraire, p. VI.
Entretien avec F. Reusser. Pour celui-ci « Derborence *est un film classique, complètement respectueux du texte et de l'esprit de Ramuz* ».

DANTHE, Michel, « *Derborence* : accueil glacial », *Journal de Genève*, 20 mai 1985, p. 24.
Un paragraphe est consacré à la projection de *Derborence* à Cannes, mal accueillie par la critique.

D[AZAT], O[livier], « Sélection officielle », *Cinématographe*, n° 111, juin 1985, p. 6.
Critique très sévère du film de F. Reusser, *Derborence*.

DEFAYE, Christian, « Suisse, ton cinoche devient populaire ! », *La Suisse*, 28 avril 1985.
Importance de la sélection du film *Derborence* de F. Reusser pour le Festival de Cannes. Portrait du cinéaste. Qualités du film. Éloge d'Isabel Otero. Une photo : Isabel Otero.

DEVARRIEUX, Claire, « La Palme sera-t-elle vraiment en or ? », *Le Monde*, 21 mai 1985, p. 21.
Quelques lignes, fort sévères, sur l'adaptation par F. Reusser du roman de Ramuz, *Derborence*.

DIMITRIU, Christian. *Alain Tanner*. Paris, Veyrier, 1985 (Série Entretiens).
Sur le film d'Alain Tanner : *Ramuz, passage d'un poète*, voir pp. 16 et 126.
Le scénario de ce film est dû à Frank Jotterand. « [...] *l'évocation de Jotterand et Tanner est à la fois hommage, reconnaissance et biographie. Elle s'articule par thèmes : la terre, l'eau, la montagne et nous restitue les paysages et les gens chers au poète* [...]. »
Deux photos de Ramuz, pp. 16-7.

DUBUIS, Catherine, [c.r.,] *Études de lettres*, n° 3, juil.–sept. 1985, pp. 111–3.

    C.r. de 1983 DENTAN, *Le Texte et son lecteur*, ouvrage dans lequel un paragraphe est consacré à l'étude de *Les Circonstances de la vie* de Ramuz.

DU[MONT], P[ascal], « *Derborence* de Francis Reusser », *Revue Cinéma*, n° 318, juin 1985, p. 20.

    Présentation de l'histoire. Jugement plutôt sévère.

DUPLAIN, Georges, « La Correspondance C. F. Ramuz — Werner Reinhart », *Bulletin de la Fondation C. F. Ramuz*, an. 1985, pp. 11–5.

DUPLAIN, Georges. *Le Gai combat des " Cahiers vaudois"*. Lausanne, 24 heures, 1985. 272 p. (Coll. « Tel fut ce siècle »).

    De nombreux passages sont consacrés à Ramuz.

    Illustrations : p. 10 Ramuz vu par Auberjonois à la terrasse des « Deux Magots » en 1912 ; p. 33 la table de travail où Ramuz écrivit *Raison d'être* peinte par Cécile Cellier ; p. 69 projet de couverture d'Auberjonois pour *Le Règne de l'esprit malin*.

    Voir FAVRE, WALZER, WATREMEZ.

DUPLAN, Antoine, « La Lumière Derborence », *L'Hebdo*, n° 17, 25 avril 1985, pp. 62–5.

    Entretien avec Francis Reusser précédé d'une présentation de *Derborence* de Ramuz. Hommage de Reusser à Ramuz. Indications précises sur les choix de mise en scène.

F., S., « *L'Histoire du soldat* d'Igor Stravinsky », *Aspects de la France*, 39ᵉ année, n° 1887, 21 févr. 1985, pp. 8-9.

    C.r. du spectacle donné au Théâtre Grévin à Paris en janvier 1985. Situation de l'œuvre. Accent mis sur la valeur des musiciens.

● FABRYCY, Isabelle. *Ramuz : trois romans ; trois figures ; trois formes d'idéal*. Lausanne, Université de Lausanne, Faculté des Lettres, 1985. 57 p.

    Mémoire de licence.

F[AEHNDRICH], P., « Cinéma suisse ? », *La Suisse*, 29 avril 1985,
    p. 5.
    Allusion au film de Francis Reusser *Derborence* « *qui nous donne
    une adaptation de Ramuz sur écran large et en stéréo : pas abso-
    lument l'austérité supposée du cinéma helvétique* ».

FAEHNDRICH, P., « L'Important, c'est de participer », *La Suisse*,
    5 mai 1985, p. 14.
    Parallèle entre les jeux olympiques et le Festival de Cannes.
    Considérations sur ce festival. Article illustré par une photo du
    film *Derborence*.

FAVRE, Gilbert, « Sur la trace des *Cahiers vaudois* », *Coopéra-
    tion*, 31 oct. 1985.
    C.r. de DUPLAIN, *Le Gai combat*....

FAVRE, Jean-Michel, [c.r.,] *Journal de Genève*, 10 août 1985.
    Présentation du spectacle de Pascal Thurre donné à Sion en 1985 :
    Farinet d'après Ramuz, l'histoire et la légende.

FEHR, Karl, « C.F. Ramuz oberemmentalisch », *Neue Zürcher
    Zeitung*, 3 April 1985, p. 43.
    Commentaire sur la traduction, 84E1 : *Farinet*, proposée par
    H.U. Schwaar.

FORNEROD, Françoise, « Regard critique sur six œuvres ou-
    vertes », *Écriture*, n° 23, hiver 84-85, pp. 189-90.
    C.r. de 1983 DENTAN, *Le Texte et son lecteur*.
    Une partie de l'article cerne l'intérêt de l'étude consacrée par
    Dentan à Ramuz.

FOURNIER, Marie-José, « Sons de cristal et pierres de sages »,
    Radio-TV — Je vois tout, n° 16, 18 avril 1985, pp. 73 et 75.
    Notes sur les lieux de tournage et les techniques employées pour
    le film *Derborence* de F. Reusser. Deux photos : Isabel Otero
    qui joue Thérèse, Bruno Cremer et Jacques Penot (Séraphin et
    Antoine).

G., D., « *Aujourd'hui* comme hier », *L'Hebdo*, n° 14, 4 avril 1985, p. 66.
Situation de Ramuz lors de la publication de la revue *Aujourd'hui*.
Réédition bienvenue car elle permet de mieux connaître « cette revue peu connue comme l'est d'ailleurs toute cette période ».

GALLAND, Bertil, « Découverte à Winterthour », *24 heures*, 12 févr. 1985, p. 37.
Liens entre Ramuz et Werner Reinhart. Remarques sur les recherches entreprises par Georges Duplain — auteur du livre *Le Gai combat des "Cahiers vaudois"* — après la découverte de plus de 450 lettres échangées entre Ramuz et Reinhart.

GENIN, Bernard, [c.r.,] *Télérama*, n° 1875, 18 déc. 1985, pp. 90-1.
Présentation d'un film d'animation d'après l'œuvre d'Igor Stravinsky et le texte de Ramuz : *Histoire du soldat*. Le film de Robert O. Blechman est « décontracté ».

GIVORD, Christiane, « *La Grande guerre du Sondrebond* : petit classique devient très grand », *Feuille d'avis de Neuchâtel*, 21 nov. 1985.

GRAF, H., [c.r.,] *Frankfurter Allgemeine Zeitung*, 6 August 1985.
Remarques sur la traduction en allemand, 85E4 : *Die Herrschaft...*.

GUERIN, Thierry, « *La Fête des vignerons* par C. F. Ramuz », *La République du Centre*, 4 avril 1985.

● GUINAND, Corinne. *Aspects de la figure de l'artiste chez C. F. Ramuz*. Lausanne, Université de Lausanne, Faculté des Lettres, 1985. 118 p.
Mémoire de licence.

H., P., « *Derborence* », *Gazette de Lausanne*, 4-5 mai 1985, p. 4.
Réserves à l'égard du film *Derborence* de F. Reusser : bande sonore non maîtrisée, rythme chaotique...

HALDAS, Georges, « Georges Haldas parle de C. F. Ramuz », *L'Âge d'Homme, journal littéraire*, n° 2, nov. 1985, pp. 1 et 6.

> Larges extraits de l'intervention de G. Haldas lors de la remise du Grand Prix Ramuz 1985.

HUBER-STAFFELBACH, Margrit, « C. F. Ramuz' *Farinet* in Berndeutsch », *Vaterland*, 12 Jan. 1985, p. 15.

> Présentation de la traduction de 84E1 : *Farinet*, par H. U. Schwaar en bernois.

H[UE], J[ean] [Louis], « Attention ralentir », *Le Magazine littéraire*, n° 220, juin 1985, p. 8.

> Court entrefilet à propos de la réédition de *Derborence* chez Grasset.
> Ramuz présenté comme écrivain valaisan. Caractérisation du style de Ramuz.
> Ill. : une photo du film de Francis Reusser adapté de *Derborence*.

HUNYADI, Marc, « De *Derborence* à Cannes », *La Suisse*, 20 mai 1985, p. 8.

> Remarques sur l'accueil réservé par les critiques au film de F. Reusser. La dimension universelle de *Derborence* est passée inaperçue en raison des préjugés qui courent sur le cinéma suisse.

IVERNOIS, Roger D', « Ramuz : qui se souvient ? », *Journal de Genève*, 19 août 1985, p. 13.

> Visite à Pully. Diverses personnes de tous les âges sont interrogées. Dans l'ensemble Ramuz est un auteur inconnu.

J[AMET], D[ominique], « Pas de quoi faire une montagne », *Le Quotidien de Paris*, 20 mai 1985, p. 22.

> Résumé du film *Derborence* de F. Reusser. Jugement sévère : « [...] *ce film est typiquement un produit régional, sain, naturel et peu élaboré* [...]. »

JEAN-NESMY, Dom Claude, [Sur Ramuz,] *Esprit et vie*, n°ˢ 34–36, 22 août–5 sept. 1985, pp. 456-7.

> Notes sur l'activité de la société des Amis de Ramuz. Présentation succincte du n° spécial de la revue *Chemins*, de la première livrai-

son de la Série *C. F. Ramuz*, aux Lettres Modernes, des textes de Ramuz réédités par les Éditions Séquences.

KNUCHEL, François, « Ramuz et ses illustrateurs », *Voir*, n° 22, sept. 1985, pp. 44-5.

LECOULTRE, Cécile, « Ramuz tête d'affiche », *24 Heures*, 31 août-1er sept. 1985, p. 43.
  Actualité de Ramuz au cinéma et au théatre. Remarques sur H. U. Schwaar, sa collection de textes ramuziens illustrés, sur l'exposition de ceux-ci à Bienne. Remarques sur les photographies de C. Grimm prises lors du tournage de *Derborence*.
  Ill. : dessin d'Alexandre Blanchet pour *Nouvelles et morceaux*, daté 1908 ; Ramuz par Édouard Vallet, 1911 ; *Derborence* hors champs par Christiane Grimm, 1985.

LEFORT, Gérard, « Une Montagne bien helvète », *Libération*, 20 mai 1985, p. 32.
  Avis contrasté sur le film de Francis Reusser adapté de *Derborence*.

LINSMAYER, Charles, « C. F. Ramuz », *St Galler Tagblatt*, 7 Oktober 1985.

MACASSAR, Gilles, « Ernest Ansermet. Un sommet suisse », *Télérama*, n° 1871, 20 nov. 1985, pp. 121 et 133.
  Présentation d'une série d'émissions consacrée au chef d'orchestre suisse sur France-Culture du 25 novembre au 29 novembre. Un paragraphe porte sur la coopération entre Ansermet, Stravinsky et Ramuz.

MACASSAR, Gilles, « Stravinsky jazze avec le diable », *Télérama*, n° 1875, 18 déc. 1985, pp. 34-5.
  Présentation de *L'Histoire du soldat* de Ramuz et Stravinsky, en marge du passage sur Antenne 2 le 25 décembre 1985 du dessin animé de R. O. Blechman adapté de l'*Histoire du soldat*.

MARTIN, Isabelle, « *Aujourd'hui* : toujours d'actualité », *Journal de Genève*, 12-13 janv. 1985, samedi littéraire, p. V.
Illustrations, grâce à divers exemples, de la variété des thèmes abordés dans *Aujourd'hui*.

MAURER, Rudolf, « C. F. Ramuz und seine Illustratoren », *Heue Zürcher Zeitung*, 12 September 1985, p. 40.

MAYA, Tristan, [c.r.,] *Les Affiches, Moniteur des soumissions*, n° 56, 12 juil. 1985, p. 49.
Présentation succincte du texte de Ramuz, *Fête des vignerons*, réédité par les Éditions Séquences.

MERMOD, Henri-Louis, « Lettre sur les derniers moments de Ramuz », *Les Amis de C. F. Ramuz*, Bulletin n° 5, 1985, pp. 52–4.
Lettre datée du 21 juillet 1947, adressée à Bernard Voyenne.

METZ, Robert, « Un Tournant du cinéma suisse : *Derborence*. Quand la montagne vient à Reusser », *24 heures*, 2 mai 1985.
Emprunt à Bachelard pour rendre compte des choix du cinéaste F. Reusser dans le film *Derborence*. Fidélité à Ramuz parfois abandonnée au profit de thèmes obsessionnels propres au cinéaste. Quelques réserves sur le choix de certains comédiens. Jugement globalement favorable.
Ill. : une photo d'Isabel Otero qui joue Thérèse, croquis du dessinateur Jean-Marc Stehlé pour le personnage d'Antoine.

MEYER, Jean-Michel, « Farinet brûle les planches », *Journal de Genève*, 10-11 août 1985, samedi littéraire, p. IV.
Présentation du spectacle donné à Sion en août-septembre 1985. Intérêt de Pascal Thurre pour l'histoire de Farinet.
Une photo : les toits de la vieille ville de Sion animés par quarante comédiens amateurs enthousiastes (photo Valpresse).

MICHEL, Arlette, [c.r.,] *L'Information littéraire*, 37e année, n° 2, janv-févr. 1985, pp. 43-4.
C.r. de 1983 DENTAN, *Le Texte et son lecteur*.

MOLIÈRE, Hélène, « Isabel Otero raconte *Derborence* », *Tribune de Genève*, 13 mai 1985, p. 17.

> Entretien avec l'actrice. Isabel Otero précise comment elle a vécu le tournage à Évolène.

MONDADA, Lorenza, « Manifestation textuelle et narration. Un exemple chez C. F. Ramuz », *Espaces et sociétés*, n° 47, n° spécial, 1985, pp. 331–47.

> Légitimation de la démarche retenue. Illustration à l'aide d'un examen des configurations spatiales dans *Farinet*.

MOREAU, Catherine, « Fonds Ramuz. Actualisation du catalogue », *Les Amis de C. F. Ramuz*, Bulletin n° 5, 1985, pp. 93-4.

> Actualisation du Catalogue du Fonds Ramuz de la Bibliothèque universitaire de Tours grâce à une liste d'œuvres de et sur Ramuz entrées dans le Fonds dans les premiers mois de 1986. Voir cette liste, pp. 95–113.

NADAL, Philippe, « Carnet de randonnée », *Entailles*, n° 19, 1/1985, pp. 7–11.

> Quelques lignes sur le rôle capital joué par Ramuz en Suisse, p. 9 et sur l'accueil réservé à Ramuz en France, p. 10.

NOGUÈS, Marius, « *Fête des vignerons* par C. F. Ramuz », *La Dépêche du Midi*, 24 janv. 1985.

> 84A3.

[PACHEU, Guy,] « Ramuz à la bibliothèque centrale. " Mes idées me viennent des yeux " », *Ouest-France*, édition de Caen, 3 mai 1985, p. 18.

> Présentation d'une exposition, *C. F. Ramuz écrivain suisse de langue française*, donnée à Caen du 25 avril au 7 mai 1985.

PAUL, André, « *Derborence* à Cannes (au festival la Suisse joue son folklore, Ramuz et Reusser) », *Tribune-Le Matin*, 19 mai 1985, p. 17.

> Dessin d'André Paul : deux paysans suisses au milieu des photographes sur la Croisette.

PAULHAN, Claire, « Ramuz : l'inconnu du canton de Vaud », *Le Matin*, 7 mai 1985, p. 26.

Situation de Ramuz après 1914 en Suisse. *Fête des vignerons* dans l'œuvre ramuzienne. Objet du texte. 84A3.

PAULHAN, Jean, « Ramuz à l'œil d'épervier », *Entailles*, n° 19, 1/1985, pp. 166-7.

Reprise d'un texte publié en 1949 [Bibl. B.V. 87].

PERILLARD, Valérie, « Autonomie nach Walliser Art : der Falschmünzer Farinet », *Fabrik-Zeitung*, 1–30 April 1985.

PHILIPPON, Alain, « Cannes 1985, la sélection officielle, le masque et la palme », *Cahiers du cinéma*, juin 1985, pp. 31-2.

Jugement contrasté sur l'adaptation de *Derborence* par le cinéaste F. Reusser.

PIERRE, J[ean]-L[ouis], « Prologue à une marche dans l'œuvre ramuzienne », *Chemins*, n° 15, spécial C.F. Ramuz, 1985, p. 6.

Présentation de l'œuvre, remarques sur l'écriture, la modernité des essais.

PIERRE, Jean-Louis, « Notes », pp. 57–9 in *Le Cirque* [85A1].

Place de la thématique du cirque, ou plus précisément des gens du voyage, dans l'œuvre ramuzienne.

PLAUT, Alec, « Ramuz et *Aujourd'hui*. La presse et l'écrivain », *Construire*, n° 7, 13 févr. 1985, p. 11.

Considérations sur ce qui a pu motiver Ramuz de prendre la direction de la revue *Aujourd'hui*. Quelques exemples d'engagement de Ramuz sur des affaires de son temps.

POULOUIN, Gérard, « Deux spectateurs engagés : Paulhan et Ramuz », *Les Amis de C.F. Ramuz*, Bulletin n° 5, 1985, pp. 57–65.

Remarques sur la correspondance échangée entre Paulhan et Ramuz.

● POULOUIN, Gérard. *C. F. Ramuz–Œuvres et critique 1980–1981 et compléments 1940–1974 à la bibliographie Bringolf-Verdan.* Paris, Lettres Modernes, 1985. [62 p.] (Coll. « Les Carnets bibliographiques de la revue des lettres modernes »).

PRISSET-MALOD, Sandrine, « Charles-Ferdinand Ramuz : *La Grande peur dans la montagne* », *L'École des lettres des collèges*, n° 4, 1ᵉʳ nov. 1985, pp. 35–42 ; n° 5, 15 nov. 1985, pp. 35–44 ; n° 6, 1ᵉʳ déc. 1985, pp. 29–36.
> I. Étude de la couverture du texte paru dans le Livre de poche ; étude des chap. I à IV.
> II. Examen des chap. V à IX, puis des chap. X à XIV, enfin des chap. XV et XVI.
> III. Examen des chap. XV et XVI suite. Principaux thèmes du roman. Parallèle entre Vautrin et Clou.

PULVER, Elsbeth, « Eine Ungewöhnliche Anthologie Erzählungen aus der Schweiz in Ostdeutschland », *Neue Zürcher Zeitung*, 28 August 1985, p. 39.

RIBICHINI, Marie Letizia, « Riflessioni sull'opera poetica di C. F. Ramuz », *Quaderni di filologia e lingue romanze*, n. 1, 1985, pp. 215–34.

RIOU, Alain, « Francis Reusser tourne en Suisse », *Le Matin*, 18-19 mai 1985, p. 26.
> Entretien avec le cinéaste suisse. Thèmes essentiels du film *Derborence*.

ROCHAT, Alain, « La Revue *Aujourd'hui* », *La Nation*, 13 avril 1985, p. 2
> C.r. de la réédition par Slatkine de la revue *Aujourd'hui*. Présentation des divers animateurs de la revue. Qualité majeure de *Aujourd'hui* : son authenticité.

ROUCHY, Marie-Élisabeth, « Le Roman photo d'Isabel Otero », *Le Matin*, 20 mai 1985, p. 26.
> Entretien avec l'actrice qui joue Thérèse dans le film de F. Reusser, *Derborence*.

● ROUD, Gustave *et* Davis SIMOND. *Avec Ramuz.* Treize dessins de René AUBERJONOIS. Lausanne, L'Aire, 1985. 142 p. (Coll. « Lettres universelles »).
Réédition d'un ouvrage publié en 1967 [Bibl. B.V. 1052].
Voir 1986 DURUSSEL, « Une Réédition... ».

R[OY], J[ean], « Montagne suisse en scope », *L'Humanité*, 20 mai 1985, p. 10.
Court texte consacré au film *Derborence* de F. Reusser. Jugement plutôt négatif.

SALEM, Gilbert, « Superbe changement d'éclairage », *24 heures*, 16 janv. 1985, p. 45.
Florilège de réflexions sur l'œuvre ramuzienne. Selon G. Salem, on abandonnerait le mythe de Ramuz pour la lecture de ses œuvres.
Une photo. Un dessin de Géa Augsbourg.

S[AMARY], J[ean]-J[acques], « Un Bon petit soldat », *Libération*, 7 janv. 1985, p. 38.
C.r. du spectacle donné au Théâtre Grévin, à Paris, en janvier 1985. Originalité de la mise en scène : « *L'action est décalée au second plan* [...] *Toute la scène est pour les sept solistes* [...] *En duo avec le récitant* [...]. »

SENGER, Harro VON, « Ramuz' *Aline* in China : Uebersetzungsboom im Reich der Mitte », *Neue Zürcher Zeitung*, 20 August 1985, p. 31.
Commentaire sur la traduction en chinois, 85E2 : *Aline.*

SICHLER-WOLFF, Nathalie, « Autre opinion », *Les Amis de Ramuz*, Bulletin n° 5, 1985, pp. 21-2.

SICHLER-WOLFF, Nathalie, « Ramuz, un amateur de peinture ? », *Les Amis de C. F. Ramuz*, Bulletin n° 5, 1985, pp. 27–33.
Ramuz devant les peintres français, classiques et modernes ; Ramuz devant les peintres suisses.

SORIN, Raphaël, « Études ramuziennes », *Le Monde*, 5 juil. 1985, p. 14.

SOZZI, Giorgio P., « L'Italie et les Romands : une prospection inlassable », *La Tribune de Genève*, 29 nov. 1985.

SOZZI, Giorgio P., « C. F. Ramuz, *Fête des vignerons* », *Berenice*, an. VI, n. 14, luglio 1985.
C.r. de 84A3 : *Fête des vignerons*.

STIVALE, Charles J., [c.r.,] *French Review*, LVIII, no. 6, May 1985, pp. 894-5.
C.r. de 1983 DENTAN, *Le Texte et son lecteur*.

TZ, J.-P., « Il y a 80 ans : Ramuz publie *Aline* », *Nouvelle revue*, 21 mai 1985.
Regain d'intérêt pour Ramuz après la célébration du centenaire de sa naissance. Rappel de l'accueil réservé à *Aline* par un critique lausannois en 1905. Une photo de Ramuz.

T[ENRET], Y[ves], « *Derborence* : l'incommunicabilité ! », *Voir lettres, arts, spectacles* [Lausanne], n° 21, juil.-août 1985, p. 38.
Commentaire sur la réception du film de F. Reusser par la presse française lors du Festival de Cannes.

THURRE, Pascal, « Ramuz écrivain "valaisan" », *Tribune de Genève*, 5-6 sept. 1985, p. 41.
Place du Valais dans l'œuvre de Ramuz. Intérêt de l'exposition *C. F. Ramuz et le Valais* présentée à Sion en 1985. Une photo de Ramuz.

THURRE, Pascal, « La Servante de Ramuz », *Treize étoiles*, n° 7, juil. 1985, p. 18.
Entretien avec Gabrielle Giroud qui fut durant quatre ans et demi à la Muette, à Pully, la servante de Ramuz et de sa famille. Une photo de Gabrielle Giroud à 17 ans. Une illustration : Ramuz, dessin de René Auberjonois, daté 1926.

● TOGNI, Carmen. *Aspects de la répétition dans " Passage du poète"
de Ramuz*. Genève, Université de Genève, Faculté des Lettres,
1985. 67 p.
Mémoire de licence.

TRANCHANT, Marie-Noëlle, « Là-haut sur la montagne », *Le Figa-
ro*, 18-19 mai 1985, p. 14.
Présentation de l'intrigue du film *Derborence* de F. Reusser et
des thèmes abordés dans ce film. Évolution idéologique de
F. Reusser esquissée.
Une photo : Isabel Otero et Jacques Penot.

UNGER, Catherine, « *Aujourd'hui*, la revue de Ramuz rééditée »,
Le Monde, édition Rhônes-Alpes–Suisse romande, 4 juil.
1985, p. I.
Remarques sur les thèmes abordés dans la revue et le ton des
articles.

VALLON, Claude, « Francis Reusser et *Derborence* », *Radio-TV —
Je vois tout*, n° 16, 18 avril 1985, pp. 75 et 77.
Entretien avec le cinéaste F. Reusser à propos de son film *Derbo-
rence*.
Réflexions sur le roman de Ramuz, sur les techniques utilisées
pour réaliser le film.

VALOTT [pseudonyme de Jacques Vallotton]. *Swiss Monsters*.
Texte de Rolf KESSELRING. Lausanne, Kesselring, 1985. 47 p.,
ill.
Suite de portraits-charges d'écrivains. Entre autres Ramuz.

VERDONNET, Catherine, « Pour une lecture de *La Séparation des
races* de C. F. Ramuz », *Studi francesi*, XXIX, fasc. I, n. 85,
gennaio–aprile 1985, pp. 91–9.
Ensemble de remarques sur le roman : la montagne des bergers
un lieu de dénuement, d'annihilisation, de perte de la parole et
de la vue ; le vin vecteur de la réappropriation de la parole et de
la vue, la transgression interdite aux regards ; le statut du cos-
tume de Frieda ; la fonction de la montagne : l'écriture de la
mort ; l'inscription de la division dans le récit.

● VOUMARD, Pascale. *La Symbolique du lac et de la montagne dans l'œuvre de C. F. Ramuz.* Zürich, Université de Zürich, Faculté des Lettres, 1985. 119 p.
  Mémoire de licence.

WALZER, Pierre-Olivier, « Si on faisait une revue ? », *Journal de Genève*, 12-13 oct. 1985, samedi littéraire, p. II.
  C.r. de DUPLAIN, *Le Gai combat*....
  « *Forte synthèse consacrée à l'œuvre de Ramuz, personnage central de l'épopée des* Cahiers, *saisie à ce tournant essentiel que constitue l'époque 1914–1920.* » Ill. : Auberjonois, Ramuz, Budry et Cingria (vignette de Géa Augsbourg).

WALZER, Pierre-Olivier, « À la recherche de Charles-Albert Cingria », *Entailles*, n° 19, 1 / 1985, pp. 151–60.
  Différences entre Cingria et Ramuz, pp. 152-3.

WARIDEL, Brigitte, « Manuscrits de C. F. Ramuz. Bibliothèque cantonale et universitaire, Lausanne », *Les Amis de C. F. Ramuz*, Bulletin n° 5, 1985, pp. 89–91.

WATREMEZ, J[ean]-C[laude], « Notes de lecture », *Les Amis de C. F. Ramuz*, Bulletin n° 5, 1985, pp. 16-7.
  C.r. de DUPLAIN, *Le Gai combat*...

W[ATREMEZ], J[ean]-C[laude], « *Histoire du soldat* au nouveau théâtre Mouffetard », *Les Amis de C. F. Ramuz*, Bulletin n° 5, 1985, pp. 17–20.
  Présentation de l'œuvre de Stravinsky et Ramuz. Remarques sur le spectacle joué à Paris en mai 1985.
  Voir aussi SICHLER-WOLFF, « Autre opinion ».

W[ATREMEZ], J[ean]-C[laude], « Sur un petit texte de Ramuz », *Les Amis de C. F. Ramuz*, Bulletin n° 5, 1985, pp. 35–51.
  Place du texte intitulé « Les Vendanges » dans l'œuvre de Ramuz.

W[ATREMEZ], J[ean]-C[laude], « *Derborence* au Festival de Cannes », *Les Amis de C. F. Ramuz*, Bulletin n° 5, 1985, pp. 69–71.

● WILDI, Silva Frances, « Charles-Ferdinand Ramuz et Robert Walzer, contemporary Swiss Writers. A discourse analysis », *Dissertations Abstract*, 45, 1984/1985, A, 2095.
Thèse de l'Université du Texas, Austin.

ZAK, Rose A., « *L'Histoire du soldat*. Approaching the musical text », *Mosaïc*, XVIII, 4, Fall 1985, pp. 101–7.

ZERMATTEN, Maurice, « Ramuz et le Valais », *Treize étoiles*, n° 7, juil. 1985, pp. 16-7.
Notes sur la place du Valais dans l'œuvre de Ramuz. Article précédé d'un court texte intitulé « Farinet et le Valais » présentant le spectacle dû à Pascal Thurre à Sion. Une photo du spectacle : *Farinet sur les toits*.

1986

(classement alphabétique des périodiques contenant des articles anonymes)

La République du Centre
***, « *L'Histoire du soldat* au C.R.D.P. » (5 juin 1986).

> Présentation du spectacle révélé lors du Festival de Chambord et proposé au public d'Orléans le 6 juin 1986 par le Centre de littérature orale de Chartres. Une photo du spectacle.

La République du Centre
*** « L'Événement du festival : *L'Histoire du soldat* » (30 juin 1986, p. 5).

> Article signé L.G.. Présentation du spectacle donné par Bruno de la Salle et ses comédiens lors du Festival de Chambord. Le critique plutôt réservé à l'égard du texte de Ramuz a apprécié le travail vocal du Centre de littérature orale de Chartres. Une photo du spectacle.

*

ABPLANALP, Armand, « Ramuz existe, je l'ai rencontré à Berlin », *24 heures*, 8 sept. 1986, p. 47.

> À propos de *La Guerre du Sondrebond*, pièce musicale jouée à Berlin-Ouest dans un cirque.

ABRAVANEL, Ernest, « Souvenirs de la "première" de *L'Histoire du soldat* de C. F. Ramuz et Igor Stravinsky », *Les Amis de C. F. Ramuz*, Bulletin n° 6, 1986, pp. 57–68.

> Ramuz en 1918. La Suisse en 1918 : conformisme et évolutions. Accueil de la représentation en 1918 à Lausanne.

ANGLÈS, Auguste. *André Gide et le premier groupe de la N.R.F.*. Paris, Gallimard, 1986.

> Voir t. 2, p. 202 : Henri Bachelin appréciant la nouveauté du roman de Ramuz, *Jean-Luc persécuté*.

Voir t. 3, pp. 94 et 140 : situation de Ramuz au regard de la
NRF; avis favorable à l'acceptation d'une nouvelle de Ramuz
par Schlumberger et Ghéon, avis resté sans suite.
Voir t. 3, p. 194 : intervention de Rivière en faveur de Ramuz.

BASTIDE, Yves, « Le Soldat mal connu », *L'Écho républicain*,
30 juin 1986, p. 3.
> Présentation du spectacle donné par Bruno de la Salle et ses comé-
> diens du C.L.I.O.. L'accent est mis sur la magie du spectacle.

BEVAN, David, [c.r.,] *The Dalhousie Review*, LXVI, 1986,
pp. 568-9.
> C.r. de RENAUD, *Ramuz...*

BUCHET, Gérard, « Le Jura suisse à travers la littérature », pp. 335–
351 in *Le Jura : de la montagne à l'homme*, sous la direction
de Jean BOICHARD (Lausanne, Privat–Payot, 1986).

● *Charles Ferdinand Ramuz : Materialien — Zeugnisse — Doku-
mente*. Zürich, Limmat Verlag, 1986.
> Choix d'articles, photographies et dessins sur Ramuz et son
> œuvre.

CH[AUVY], L[aurence], « Le Sol de Ramuz », *Nouvelle revue de
Lausanne*, 10 juil. 1986, p. 11.
> Réussite de Ramuz dans la réalisation « *d'une œuvre soudée* » à
> un « *petit pays* ».
> Texte accompagné d'un dessin représentant Ramuz.

CHAUVY, Laurence, « "19–39" au Musée historique de l'Ancien
Évêché. La section "littérature" sous la loupe », *Nouvelle
revue de Lausanne*, 10 juil. 1986, p. 11.
> Un court passage est consacré à Ramuz.

D., J.-F., « Relecture de Ramuz », *Construire*, 23 juil. 1986.
> C.r. de RENAUD, *Ramuz...*
> Intérêt de l'approche de Philippe Renaud : « remettre Ramuz
> debout », cerner des questions susceptibles de relancer la recherche.
> Une photo de C. F. Ramuz.

DENTAN, Michel, « La Suisse romande, un pays sans capitale littéraire », pp. 659–66 in *Paris et le phénomène des capitales littéraires* (Actes du 1er congrès du Centre de recherches en littérature comparée. Paris, Université de Paris-Sorbonne, 1986. T. 2).

Dictionnaire historique, thématique et technique des Littératures. Littérature française et étrangères, anciennes et modernes. Sous la direction de Jacques DEMOUGIN. Paris, Larousse, 1986. T. 2.

> Sur Ramuz, voir p. 1335.

DIMITRIJEVIC, Vladimir, [Sur Ramuz,] pp. 81–3 in *Personne déplacée.* Entretiens avec Jean-Louis KUFFER (Lausanne, P.M. Favre, 1986).

> Spécificité de la littérature romande. Inscription de Ramuz dans l'espace suisse.

DOLANCOURT, Gace, [Stravinsky], *Nouvelle Revue de Paris*, n° 5, mars 1986, pp. 187-8.

> Critique acerbe de l'ouvrage de Boucourechliev consacré à Stravinsky. Ironie sur ce que dit Boucourechliev à propos de Stravinsky et du diable.
> Voir 1982 BOUCOURECHLIEV.

DUBOSSON, Jacques. *Aujourd'hui : table générale 1929–1932.* Genève, Slatkine, 1986. 103 p.

> Voir 84B1.

DUBUIS, Samuel, « Ramuz, Budry, Morax, Chavannes et les autres », *Croire*, n° 57, mai-juin 1986.

> C.r. de 1985 DUPLAIN, *Le Gai combat...*.

DUCREST, André, [c.r.,] *La Liberté*, 2 mars 1986.

> C.r. de 1985 ROUD *et* SIMOND, *Avec Ramuz.*

DURUSSEL, André, « Une Réédition bienvenue *Avec Ramuz* », *Espaces*, n° 125, févr. 1986.

> C.r. de 1985 ROUD *et* SIMOND, *Avec Ramuz.*

DURUSSEL, André, « À propos de *Besoin de grandeur* », *Les Amis de C. F. Ramuz*, Bulletin n° 6, 1986, pp. 27–38.
>Organisation du livre. Thèmes abordés. Actualité d'« *une œuvre essentiellement présente au monde* ».

FERLA, Patrick, « Une Fable à la Chagall », *Tribune-Le Matin*, 17 juin 1986.
>Présentation du spectacle donné par le CLIO : *Histoire du soldat.*

FROIDEVAUX, Gérald, « Présentation », pp. 7–15 in RAMUZ, *À propos de tout* [86A2].
>Situation des textes. Idéologie de Ramuz. Notes bibliographiques, p. 327.

GALLAND, Bertil, « Armand Abplanalp dans un rêve », *24 heures*, 28 janv. 1986, p. 47.
>Dialogue imaginaire entre M. Abplanalp et Mademoiselle Doublevé sur les mérites de la mise en scène de *La Grande guerre dans le Sondrebond* par Abplanalp.

GALLAND, Bertil. *La Littérature de la Suisse romande expliquée en un quart d'heure*. Suivi d'une anthologie lyrique de poche. Genève, Zoé, 1986. 132 p. (Coll. « Cactus »).
>Textes de Ramuz, pp. 39–41.
>Présentation de Ramuz, pp. 25 et 31-2.
>Le texte de Bertil Galland est paru originellement dans l'édition 1985 de l'*Encyclopædia Universalis*, sous le titre « Suisse romande (littérature) », renouvelant partiellement cet article d'encyclopédie (présent dans le volume 15, cinquième publication, 1975).

Grands écrivains choisis par l'Académie Goncourt, n° 68, 1986. 16 p.
>Livret qui accompagne le texte sélectionné, à savoir *La Grande peur dans la montagne*. Raisons du choix, p. 2. Portrait de Ramuz, pp. 3–10. L'homme et le monde, p. 11. Son écriture (extrait du manuscrit *Adam et Ève*), p. 12. Ramuz et son temps, p. 13. Ses œuvres, ses interprètes, pp. 14-5.

● GROSS, Manfred. *Père et fils dans l'œuvre de Ramuz*. Zürich, Université de Zürich, Faculté des Lettres, 1986. 147 p.
>Mémoire de licence.

GSTEIGER, Manfred, « L'Écrivain suisse et les capitales allemande et française : l'exemple de Keller et Ramuz », pp. 649–57 in *Paris et le phénomène des capitales littéraires* (Actes du Ier congrès du Centre de recherches en littérature comparée. Paris, Université de Paris-Sorbonne, 1986. T. 2).
   Voir 1984 GSTEIGER.

HALDAS, Georges, « Patrie première », *Bulletin de la Fondation C. F. Ramuz*, an. 1986, pp. 20–6.
   Georges Haldas précise ce qu'il doit à Ramuz.

HAMASAKI, Shiro, « C. F. Ramyu no *Heisli no monogatori* » [« *L'Histoire du soldat* de C. F. Ramuz »], *Ronkô* (Yoroppa bunka Kenkyu), Université Kwansei Gakuin, XV, 1986, pp. 31–54.

HILTY, Hans Rudolf, « Der Grosse Erzähler aus der "Zwischen" Zeit : über Charles-Ferdinand Ramuz, den verkannten », *Tages Anzeiger Buchzeichen*, 8 Oktober 1986, p. 1.

HUGLI, Pierre, « *Derborence* de Reusser : pour redécouvrir Ramuz », *24 heures*, 13 oct. 1986.

IMBERT, Pierre, « À la Bibliothèque municipale : redécouvrir Ramuz », *La Nouvelle République du Centre-Ouest*, 26 mai 1986, p. 6.

JEAN-NESMY, Dom Claude, « C.-F. Ramuz : *Histoire du soldat* », *Esprit et vie*, n° 47, 20 nov. 1986, p. 646.
   86A5.

● MARADAN, Lorenza. "*La Guérison des maladies*" de C. F. Ramuz, Lausanne, Les Cahiers Vaudois, 1917 : Paris, Grasset, 1924 : Lausanne, Mermod O.C., 1941. Étude des corrections. Fribourg, Université, 1986. 202 p.
   Mémoire de licence.

MAYA, Tristan, « *Le Cirque* », *Les Affiches d'Alsace et de Lorraine*, n° 60/61, 29 juil.–1ᵉʳ août 1986, p. 51.
   85A1.

● MONDADA, Lorenza. *Espace et écriture dans "Farinet ou la fausse monnaie" de C. F. Ramuz*. Fribourg, Université, 1986. 150 p.
   Mémoire de licence.
   Voir 1985 MONDADA.

MONESTIER, Louis, « C. F. Ramuz, *Fête des vignerons* », *La France* [Prades], n° 31, printemps 1986.
   C.r. de 84A3 : *Fête des vignerons*.

MOREAU, Catherine, « Exposition Ramuz. Bibliothèque municipale de Tours, 26 mai–14 juin 1986 », *Les Amis de C. F. Ramuz*, Bulletin n° 6, 1986, pp. 115–20.
   Présentation du contenu des vitrines et des panneaux d'exposition.

NICKLER, Susi, « Découvrir Ramuz à Madison », *Journal de Genève*, 6 oct. 1986, p. 21.
   Présentation de la Memorial Library. Auteurs suisses disponibles. Origine du fonds. Contrairement à ce que laisse entendre le titre, l'article n'est pas consacré à Ramuz. Deux photos : drapeau américain, Ramuz.

PANZERI, Fulvio, « Tra acqua, cielo e terra », pp. V–IX in RAMUZ, *La Vita di Samuel Belet* [87E5].
   Place des paysages dans le roman. Fonction de la construction narrative retenue. Exemplarité des vicissitudes rencontrées par le personnage principal.

PASQUALI, Adrien, « Devant l'Œuvre prochain de Ramuz », *Journal de Genève*, 12-13 juil. 1986, samedi littéraire, p. II.
   C.r. de RENAUD, *Ramuz...*
   Précisions sur la démarche suivie par P. Renaud.

PAULHAN, Jean. *Choix de lettres I. 1917–1936. La littérature est une fête.* Paris, Gallimard, 1986. 507 p.
> Les lettres adressées à Ramuz ont les numéros suivants : 225, 238.
> Sur la correspondance Paulhan–Ramuz, voir 1985 POULOUIN (texte imprimé en 1986).

PIERRE, Jean-Louis, « Les Amis de Ramuz », *La France* [Prades], n° 33, automne 1986, pp. 312-3.
> Notice bibliographique sur Ramuz à l'occasion d'un numéro consacré à la Touraine. Deux photos.

PITTIER, Jacques-Michel, [c.r.,] *Tribune-Le Matin,* 23 sept. 1986.
> C.r. de RENAUD, *Ramuz....*

PLESSY, Bernard, « Henri Pourrat et la magie du conte », *Le Monde,* 17-18 août 1986, suppl. Radio Télévision, p. 7.
> Ramuz est cité comme l'un des admirateurs de la technique littéraire de Pourrat.

● PLUSS-CHAMBAZ, Evelyne. *La Maison végétale : une lecture de "Passage du poète" de Ramuz.* Genève, Université, Faculté des Lettres, 1986. 66 p.
> Mémoire de licence.

● PONT, Michel. *Une Ville qui a mal tourné : Lausanne dans l'œuvre de Ramuz.* Lausanne, Université, Faculté des Lettres, 1986. 52 p.
> Mémoire de licence.

POULAILLE, Henry. *Nouvel âge littéraire.* Bassac, Plein Chant, 1986. 480 p.
> Réédition du volume publié en 1930 par la Librairie Valois. Allusions nombreuses à Ramuz, jugement élogieux, pp. 184-5.

POURRAT, Henri, [Sur Ramuz,] pp. 83–100 in *Le Blé de Noël* (Paris, Le Sang de la terre, 1986. 319 p.).

PRISSET-MALOD, Sandrine, « Présence de la mort dans les romans de C. F. Ramuz et F. Mauriac », *Les Amis de C. F. Ramuz*, Bulletin n° 6, 1986, pp. 71–114.

RASTELLO, Stéphane, « Un Ramuz envoûtant », *Tribune-Le Matin*, 17 juin 1986.
Présentation de *Histoire du soldat* joué au Festival de la Cité à Lausanne.

RENAUD, Philippe, « Ramuz (Charles-Ferdinand) », p. 318 in *Dictionnaire général de la francophonie*, sous la direction de J.-J. Luthi, A. Viatte, G. Zananiri (Paris, Letouzey et Ané, 1986).

● RENAUD, Philippe. *Ramuz ou l'intensité d'en bas*. Lausanne, L'Aire, 1986. 201 p. (Coll. « L'Aire critique »).
Voir BEVAN, D, J.-F. PASQUALI, PITTIER, RÜF, VUILLEUMIER.
C.r. non signé dans *Le Monde*, 20 juin 1986, p. 16 : « *Une lecture du grand écrivain suisse romand faite, avec élégance, dans l'optique des sciences humaines et de la théorie littéraire contemporaine.* »

REYMOND, Félicie, « Ramuz, *Esprit* et la défense spirituelle de la Suisse », pp. 165–75, in *19–39 : La Suisse romande entre les deux guerres* (Lausanne, Payot, 1986. 339 p.).

● RÖTGER, Benita. *Ramuz devant l'histoire*. Grenoble, Université de Grenoble III, 1986. 133 p.
Mémoire de maîtrise de lettres modernes. Bibliographie, pp. 130–133.

ROUSSET, Jean, « Pour une poétique du journal intime », pp. 155–170 in *Le Lecteur intime* (Paris, Corti, 1986).

RÜF, Isabelle, « 19–39 : années folles ou difficiles ? », *L'Hebdo*, n° 24, 12 juin 1986, pp. 50–3.
Présentation de l'exposition donnée à Lausanne en 1986. Allusions rapides à Ramuz.

RÜF, Isabelle, [c.r.,] *L'Hebdo*, n° 36, 4 sept. 1986, p. 73.
Présentation succincte de l'étude de P. Renaud : *Ramuz ou l'in-*

tensité d'en bas. « Ramuz disait écrire des "bouts de livre", des fragments du Livre [...]. La lecture multiple de Philippe Renaud montre surtout que le Livre reste toujours à faire [...]. »

SALEM, Gilbert. *Gustave Roud.* Lyon, La Manufacture, 1986. (Coll. « Qui suis-je ? »).

Sur la polémique entre Ramuz et Roud à propos de l'esthétique du paysage, pp. 35–7. Sur les liens entre les deux écrivains, p. 39. Action de Ramuz en faveur de Roud, p. 41. Une photo : Ramuz, Daniel Simond et Gustave Roud, p. 101. Ramuz photographié par Gustave Roud, p. 103.

Secolul 20. Revista de sinteza [Bucarest], nᵒˢ 307-308-309, 1986.

Un numéro spécial de 304 p. consacré à la Suisse. Quelques textes de, et sur Ramuz.
Voir aussi 1987

SICHLER-WOLFF, Nathalie, « Notes », pp. 51-2 in RAMUZ, *Histoire du soldat* [86A5].

Remarques succinctes sur le travail de Ramuz. Un choix d'enregistrements disponibles, p. 53.

SICHLER-WOLFF, Nathalie, « Farinet (mise en scène : Pascal Thurre) », *Les Amis de C. F. Ramuz*, Bulletin nᵒ 6, 1986, pp. 43–7.

Présentation du spectacle créé à Sion en 1985, repris en 1986.

SMOLIK, Pierre, « Gustave Roud et la photographie », *Cahiers Gustave Roud*, nᵒ 4, 1986, pp. 5–14.

Note sur la course de Roud au Grand Saint-Bernard avec Clerc, Mermod et Ramuz, p. 11. Photo de Ramuz, Clerc, Roud par Mermod, p. 8. Photo de Ramuz et d'autres prise par Roud avec l'appareil à plaque le « Verascope », p. 9.

SOZZI, Giorgio P., « La Letteratura "suisse romande" oggi : rassegna 1984 », *Città di Vita*, n. 1, 1986, pp. 33–42.

SOZZI, Giorgio P., « La Littérature de Suisse romande franchit les Alpes », *Le Nouvel humaniste*, nᵒ 13, mars-avril 1986.

Sozzi, Giorgio P., « La Littérature suisse romande au XXe siècle », *Francofonia*, n. 10, primavera 1986, pp. 87–102.

Sozzi, Giorgio P., « La Letteratura "suisse romande" oggi : rassegna 1985 », *Nuova Antologia*, n. 2159, luglio-settembre 1986, pp. 476–83.

Sozzi, Giorgio P., [c.r.,] *Berenice*, an. VII, n. 18, novembre 1986, pp. 272–4.
Présentation de [86A5] : *Histoire du soldat...*, et du Bulletin nº 5 des *Amis de C. F. Ramuz*.

Tauxe, Henri-Charles, « Simenon et Ramuz », *24 heures*, 28 nov. 1986, p. 59.

● Thurre, Pascal. *Farinet. Selon Ramuz, la légende et l'histoire.* Pièce de théâtre. Saillon. Éditions Les Amis de Farinet, 1986. 93 p.
Texte du drame en deux Actes rédigé par Pascal Thurre, mis en scène à Sion en 1985 et 1986 par Catherine Sumi et Jacques de Torrenté.

Valette, Hervé, « L'Invité de la semaine Francis Reusser », *Le Nouvelliste et la Feuille d'Avis du Valais*, 28 févr. 1986, p. 8.
Entretien avec le cinéaste F. Reusser. Quelques passages de cet entretien sont consacrés au film *Derborence* qui a permis au cinéaste de revenir à ses sources.

Vallon, Claude, « Merveilleux et inattendu chez Ramuz », *24 heures*, 17 juin 1986.
Sur la version de *L'Histoire du soldat* par le CLIO.

Vogel, Éric, « Ramuz au choc-opéra », *Tribune de Genève*, 5-6 avril 1986, p. 24.
C.r. du spectacle « C'est si simple d'aimer » d'après Ramuz. Montage de textes ramuziens mis en scène par Michèle Amoudruz. Spectacle joué du 9 au 30 avril 1986 à Genève.

VUILLEUMIER, Jean, « Du nouveau sur Ramuz », *Tribune de Genève*, 19-20 juil. 1986, p. 24.

> C.r. de RENAUD, *Ramuz...*
>
> « *Investigation captivante, et subtile prospection!* » J. Vuilleumier cerne divers thèmes examinés par P. Renaud.

WATREMEZ, J[ean]-C[laude], « Notes de lecture », *Les Amis de C. F. Ramuz*, Bulletin n° 6, 1986, pp. 21–5.

> C.r. de Renaud, *Ramuz...* Avis contrasté : intérêt des études de détail, absence de synthèse regrettable.

ZAHND, René, « De quoi se soûler de... spectacles », *Gazette de Lausanne*, 11 juin 1986, p. 2.

> Sur le programme du Festival de la Cité à Lausanne. Ramuz à l'affiche.

1987

(classement alphabétique des périodiques contenant des articles anonymes)

Le Figaro
***, « Un Écrivain suisse à Paris » (19 janv. 1987, suppl. *Le Figaro littéraire*, p. II).
    C.r. de 86A2 : *À propos de tout.*

***, « Un Nouveau Ramuz » (13 avril 1987, suppl. *Le Figaro littéraire*, p. II).
    Simple entrefilet annonçant la parution de 87A2 : *Une Main.*

Le Monde
***, « Charles-Ferdinand Ramuz : *Si le soleil ne revenait pas* » (20 nov. 1987, p. 18).
    Courte présentation de 87A7.

La Nouvelle République du Centre-Ouest
***, « Un Colloque Ramuz » (23 oct. 1987, p. 6).

***, « Ramuz à l'honneur » (2 nov. 1987, p. 3).

***, « Tours à l'heure de Ramuz » (19 nov. 1987, p. E).

Popularia [Bâle]
***, « Charles-Ferdinand Ramuz » (n° 2, 1987, pp. 6–9).
    Courte biographie de l'auteur.

Studi francesi
***, [c.r.,] (an. XXXI, fasc. I, 91, gennaio–aprile 1987, pp. 152-3).
    C.r. de 1984 *C. F. Ramuz 2 : "Autres éclairages...".*

***, [c.r.,] (an. XXXI, fasc. III, 93, settembre-dicembre 1987, p. 512).
    C.r. de 1985 POULOUIN, *Carnet bibliographique....*

Télérama
***, « *Aline* » (n° 1937, 25 févr. 1987, p. 49).

> Article élogieux signé A. B. lors de la réédition d'*Aline* dans la collection « Les Cahiers rouges » chez Grasset. « *La description des sentiments bafoués, humiliés d'Aline est d'une force incomparable. Aline est un chef-d'œuvre de simplicité et de rage* [...]. »

***, « *Adam et Ève* » (n° 1961, 12 août 1987, pp. 45-6).

> Simple annonce du passage à la télévision du téléfilm réalisé par Michel Soutter d'après Ramuz. L'œuvre de Ramuz est ici vue comme une nouvelle et non comme un roman.

24 heures
***, « *L'Amour du monde* de C. F. Ramuz » (2 mars 1987 [, p. 22]).

> Présentation d'une conférence du comité des *Études de lettres* donnée par Philippe Renaud, suivie de la projection du film *Aline* de F. Weyergans. Texte signé « CP ».

***, « Fête au village chez Ramuz » (14 oct. 1987, p. 11).

> Présentation sommaire des diverses manifestations liées à la Grande Fête chez Ramuz à Pully en sept.-oct. 1987.
> Plusieurs photos.

*

ABPLANALP, Armand, « Lettre à un ami », *24 heures*, 23-24 mai 1987, p. 41.

> Discussion imaginaire avec Ramuz installé à La Muette.

ACCAD, Evelyne, [c.r.,] *World Literature today*, 61, 1987, pp. 243-4.

> C.r. de 1986 RENAUD, *Ramuz*....

ANSKA, Lyne, « L'Africain qui aimait Ramuz », *Femmes d'aujourd'hui*, n° 34, 1987, p. 3.

ARX, Paule D', « Plaisir de relire. Fin du Journal (1942–1947) »,
Nouvelle revue de Lausanne, n° 127, 3 juin 1987.
> Notes sur Ramuz et son petit-fils, sur « l'élégance morale » de
> l'écrivain qui tait ses ennuis de santé et sa douleur. Parallèle
> entre Hugo et Ramuz. Deux illustrations : Ramuz par Auberjo-
> nois, Ramuz et l'actrice Dita Parlo lors du tournage du film
> *Farinet*.

BAILLY, Pascale, « En fait, mon oncle [Charles Vanel] est une
sorcière ! », *Le Figaro magazine*, 14 mars 1987, pp. 90–2.
> Quelques lignes sont consacrées à l'acteur Charles Vanel jouant
> Anzérui (*sic*!) lors du tournage de *Si le soleil ne revenait pas*,
> film de Goretta d'après Ramuz. La présentation de l'intrigue est
> équivoque, elle pourrait laisser croire que celle-ci se passe en
> Espagne.
> Deux photos de l'acteur. Une photo est accompagnée du com-
> mentaire suivant : « *Charles Vanel dans* Et si le soleil ne reve-
> nait pas. *Il y tient le rôle d'un sorcier de village, pendant la
> guerre d'Espagne.* »

BARRAUD, Philippe, « Vallées inondées », *L'Hebdo*, n° 53, 3 déc.
1987, p. 58.
> Pastiche de Ramuz. Illustration : Ramuz emporté par une ava-
> lanche.

BENDEL, Philippe-O., « Injustice », *Nouvelle revue de Lausanne*,
n° 161, 4 juil. 1987, pp. 1 et 16.
> Méditation sur l'actualité à partir d'un texte de Ramuz publié le
> 17 septembre 1916 dans *La Gazette de Lausanne*.

BERNARD-VERANT, M.-L., « *Une Main* de Ramuz », *La Libre
Belgique*, 3 sept. 1987, p. 15.
> Présentation de 87A2 : *Une Main*.

BESSON, Pascal, « Ramuz et Pully », *Pully... Propos*, bulletin
édité par la municipalité de Pully, n° 6, oct. 1987 [, p. 1].
> Liens ténus entre Ramuz et Pully. Évocation de Pully quand
> Ramuz habitait sa maison La Muette.
> Illustration : une photo de Ramuz.

Voir dans ce même bulletin municipal, p. 5, ce qui est dit de la nécessité de renouveler la présentation de Ramuz et de son œuvre au musée de Pully.

BINGGELI, Isabelle, « Ramuz : un roc », *Tribune-Le Matin*, 23 mai 1987.

> Esprit d'indépendance de Ramuz. Témoignages d'Albert Mermoud et de Pierre Vaney.
> Une photo : Ramuz au travail chez lui. Un court texte de Ramuz dénonçant la politique urbanistique lausannoise.

BLANC, Georges, « *Si le soleil ne revenait pas* de Claude Goretta », *Croire* [mensuel des paroisses de l'Église évangélique réformée du canton de Vaud] (Paroisse de Saint-Jacques), n° 71, nov. 1987, p. 7.

> Présentation du climat du film. Fidélité du metteur en scène à l'idée-force du roman : dans la grisaille et le huis-clos survit l'Espérance, autre nom de la lumière.

BLOCH, Edgar, « *Si le soleil ne revenait pas* », *Tribune de Genève*, 4 févr. 1987, p. 3.

> Présentation du roman porté à l'écran par Claude Goretta. Perception de l'œuvre par ce metteur en scène. Conditions de tournage du film dans le village de Binn. Entretien avec Charles Vanel.
> Deux photos de Gordon Leverington : le village de Binn, Goretta et Vanel.

BONDY, François, « Lire Rougemont », *Écriture*, n° 29, automne 1987, pp. 29–35.

> Voir p. 33, commentaire sur ce que dit Rougemont dans les « Vues sur Ramuz », chapitre de *Les Personnes du drame* [Bibl. B.V. 972].

BOUVIER, Fabienne, « Au théâtre Am Stram Gram *Histoire du soldat* », *Tribune de Genève*, 2 nov. 1987, p. 17.

> Présentation du spectacle donné sous la direction de Dominique Catton. Sans trahir le texte, ce spectacle propose une version renouvelée. Spectacle pour adultes qui peut aussi être vu par des enfants. Une photo de Marc Van Appelghem : scène de *L'Histoire du soldat* prise lors d'une répétition.

BRENNER, Jacques, « Charles-Ferdinand Ramuz », pp. 50–2 in *Mon histoire de la littérature française contemporaine* (Paris, Grasset, 1987. 319 p.).

BUACHE, Freddy, « *Si le soleil ne revenait pas* », *Tribune-Le Matin*, 13 sept. 1987.
   Situation des deux cinéastes suisses de langue française Alain Tanner et Claude Goretta. Présentation de l'histoire portée à l'écran par Claude Goretta. Maîtrise de la mise en scène. Une photo : Isabelle s'élance et résiste à la fatalité.

C., T., « Un Dialogue complice. Des regards spontanés », *Lausanne-Cités*, nᵒ 352, 10 sept. 1987, p. 3.
   Présentation sommaire des travaux d'élèves d'un collège exposés en 1987 en marge de la Fête chez Ramuz organisée à Pully. Propos d'élèves enregistrés par un journaliste sur divers textes de Ramuz étudiés en classe.

● *C. F. Ramuz 3 : "D'une histoire à l'Histoire"*. Jean-Louis PIERRE ed.. Paris, Lettres Modernes, 1987. 196 p. (Coll. « La Revue des lettres modernes »).
   Voir FRANCILLON, JAKUBEC, OLIVIER, PIERRE, PIQUOT, PITHON, VERDONNET.

CALME, Jean, « Un Paradis perdu : *Adam et Ève* », *Le Figaro*, 15 août 1987, p. 21.
   Présentation d'une adaptation télévisée du roman de Ramuz.

CASPARY, Michel, « *Une Main* d'après Ramuz au théâtre municipal. Souffrir puis renaître », *24 heures*, 26 oct. 1987, p. 49.
   Présentation de l'adaptation théâtrale du texte ramuzien *Une Main*. Des réserves sur le spectacle : omniprésence de la musique, émotions trop disséminées. Une photo : le comédien Armand Abplanalp.

CHALAIS, François, « Comencini, Huston, Vanel et les autres », *Le Figaro*, 5-6 sept. 1987, p. 38.
   Quelques mots sur le film de Goretta d'après *Si le soleil ne revenait pas*.

CHAPUIS, Bernard, « La Richesse de Goretta », *24 heures*, 11 sept. 1987 [, p. 76].

Entretien avec le cinéaste Claude Goretta : le professionnalisme de Charles Vanel, l'adaptation de Catherine Mouchet à son rôle, les conceptions de Goretta sur l'environnement.
Photos : Philippe Léotard, Catherine Mouchet, Claude Goretta.

CINGRIA, Charles-Albert, « Vingt quatre lettres inédites à Claude Monnier », *Écrire*, n° 29, automne 1987, pp. 147–65.

Lettres présentées par P.-O. WALZER. Voir pp. 160-1, lettre du 13 déc. 1939 sur l'ingénuité de Ramuz demandant à des tiers d'aider Cingria.

COLLOMB, Michel. *La Littérature Art Déco*. Paris, Méridiens Klincksieck, 1987. 239 p.

Voir p. 148 sur Ramuz et la volonté de révolutionner la prose, p. 152 sur *Salutation paysanne* et surtout pp. 184-5 sur *L'Amour du monde*.

CORNUAULT, Joël, « 1200 lettres de C. F. Ramuz à ses amis », *Plein Chant*, n°s 37-38, automne-hiver 1987, pp. 169–72.

Intérêt littéraire et humain de la correspondance de Ramuz publiée par Gilbert Guisan [Bibl. B.V. 1050].

D. Y., « Grande fête chez Ramuz », *La Liberté*, 30 août 1987.

Présentation du programme de la fête donnée à Pully pour le quarantième anniversaire de la mort de l'écrivain.

DUMONT, Hervé. *Histoire du cinéma suisse. Films de fiction 1896–1965*. Lausanne, Cinémathèque suisse, 1987. 591 p.

Sur *Rapt* de Dimitri Kirsanoff (1933), voir pp. 145-8. Plusieurs photos du film. Sur *Farinet ou l'or dans la montagne* de Max Haufler (1938), voir pp. 222-8. Plusieurs photos du film. Sur *Le Règne de l'esprit malin*, film de Guido Würth (inachevé, 1955) voir p. 459.

DURUSSEL, André, « Relire Ramuz : avons-nous encore besoin de grandeur ? », *Information culturelle SPS*, 17–24 févr. 1987.

DUVAL, Roland, « Si le soleil ne revenait pas sur notre cinéma enneigé ? », *La République du Centre-Ouest*, 16 sept. 1987.
C.r. du film de Claude Goretta.

FABRE-LOUBET, Sylvie. *La Nature et les hommes chez Ramuz et Giono : étude comparative de " La Grande peur dans la montagne" et " Colline".* Toulouse, Université de Toulouse II, 1987. 121 p.
Mémoire de maîtrise de lettres modernes.

FOESTISCH, Camille, « Les Lenteurs du silence », *Construire*, n° 40, 30 sept. 1987.
Entretien avec le cinéaste Claude Goretta qui a porté à l'écran *Si le soleil ne revenait pas*. Une illustration : Isabelle jouée par Catherine Mouchet courant dans la neige.

FRANCILLON, Roger, « C. F. Ramuz : l'impossible révolte contre le père », pp. 33–48 in *C. F. Ramuz 3 : " D'une histoire à l'Histoire".*

FROIDEVAUX, Gérald, « *Ich bin Ramuz — nichts weiter* », *Neue Bücher aus dem Limmat Verlag*, Herbst 1987, p. 1.

GAILLARD, Roger, « *L'Histoire du soldat* : les pièges du temps », *L'Hebdo*, 12 nov. 1987, p. 97.

GAILLAND, Bertil, « C. F. Ramuz à Tokyo », *24 heures*, 4 sept. 1987, p. 4.
Présentation d'un guide de voyage consacré à la Suisse publié par les Éditions Shobunsha à Tokyo qui, entre autres auteurs, évoque Ramuz. Évocation du spectacle dû à Armand Abplanalp, *La Grande guerre du Sondrebond* d'après Ramuz, donné à Pully. Ill. : Hirokuni Kabuto auteur du guide ; un buste de Ramuz.

GALLAND, Bertil, « Mort d'un voleur de fille », *24 heures*, 18 déc. 1987, p. 24.
Quelques lignes de présentation de Geymond Vidal comédien décédé en 1987, suivies d'une évocation du tournage de *Rapt* en 1933 par Dimitri Kirsanoff, d'après *La Séparation des races* de

Ramuz, film dans lequel a joué G. Vidal. Une photo : Geymond Vidal et sa partenaire dans le film, Dita Parlo.

GHIRELLI, Marianne, « Ramuz auf deutsch », *Schweizer Monatshefte*, 67. Jahr, Heft 2, Februar 1987, pp. 169–73.
Remarques sur les traductions en allemand des œuvres de Ramuz. Importance de Guggenheim fidèle traducteur de Ramuz après les années Vingt.

GRAF, Jean-Pierre, « Autres Ramuz », *Construire*, n° 42, 14 oct. 1987.
Plaidoyer en faveur de Ramuz dont l'œuvre n'est pas toujours appréciée à sa juste valeur. Intérêt de la création de *Une Main* au Théâtre municipal de Lausanne : aider à la découverte d'un texte « relativement peu connu de Ramuz ».

GUIGNARD, Roger, « Rien ne naît que d'amour », *Le Sillon romand*, 4 sept. 1987 [, p. 14].
Célébration de l'œuvre de Ramuz victime de « *ces classifications lapidaires, issues du parisianisme le plus éculé* ».
Trois photographies de Ramuz.

HA., Do., « *L'Histoire du soldat* », *La Suisse*, 10 nov. 1987.
Présentation du spectacle donné par la troupe Am Stram Gram et dédié aux enfants. « *Musique et danse se combinent à l'histoire avec bonheur. Si l'enjeu de la pièce est d'initier le jeune public à la musique de Stravinsky, le but est atteint !* »
Une photo : Dominique Gay, le soldat, et Manon Hotte, la princesse.

HACQUARD, Georges, « Le Prisonnier de Montparnasse », pp. 181-182 in *Histoire d'une institution française : l'école alsacienne*. (Paris, Jean-Jacques Pauvert aux éditions Suger, 1987. T. 2).

HAMASAKI, Shiro, « Ramuz et Paulhan », *Romandie* [Tokyo], n° 10, déc. 1987, pp. 27-8.
Étude qui accompagne le texte de Paulhan, *Ramuz à l'œil d'épervier* et le texte de Ramuz *Fin de vie*.

● HEBEISEN, Wolfgang. *Le Thème de la lumière dans l'œuvre de C. F. Ramuz*. Fribourg, Université de Fribourg, 1987. X, 207 p.

Thèse en lettres. Voir 1988 HEBEISEN.

● HERZ, Véronique. *C. F. Ramuz ou l'esthétique de l'ambiguïté. Un exemple : " Le Garçon savoyard "*. Genève, Université de Genève, 1987. 111 p.

Mémoire de licence.

HEYMANN, Daniel, « Le Vieux Monde est fatigué », *Le Monde*, 4 sept. 1987, p. 21.

Présentation des films d'Alain Tanner et Claude Goretta en compétition à La Mostra du cinéma à Venise.

Jugement plutôt sévère sur l'adaptation de *Si le soleil ne revenait pas* par Claude Goretta. L'actrice Catherine Mouchet ne convient pas pour jouer Isabelle, en revanche Charles Vanel est « splendide ». Une photo de Patrick Mohr : Catherine Mouchet.

HUGLI, Pierre, « *Si le soleil ne revenait pas* : un poème », *Gazette de Lausanne*, 12-13 sept. 1987, p. 32.

C.r. du film de Claude Goretta.

HUNYADI, Mark, « Brouillard dans la montagne », *Journal de Genève*, 19 sept. 1987, samedi littéraire, p. I.

Entretien avec le cinéaste Claude Goretta. Remarques sur la mise en scène, le choix des acteurs. Une photo : Charles Vanel qui incarne le rôle du devin Anzévui.

HUNZIKER, André, « Am Stram Gram monte un classique », *Coopération*, 19 nov. 1987, p. 42.

Présentation du spectacle. Vision personnelle d'une œuvre souvent présentée. Souci de toucher le jeune public, refus d'inscrire la pièce dans un espace trop reconnaissable, souci de mettre l'accent sur la modernité de l'œuvre.

Une illustration : portrait de Ramuz par Igor Stravinsky.

● *Ich bin Ramuz — nichts weiter*. Zürich, Limmat, 1987. 267 p.

Choix de textes de et sur Ramuz précédé d'une présentation par Gérald FROIDEVAUX. Travail collectif.

Bibliographie, p. 257.
Voir KAPPELER.
Voir 1988 FORNEROD.

IMBACH, Jost, M., [c.r.,] *Luzerner Neueste Nachrichten*, 16 September 1987, p. 9.
>   Commentaires sur le recueil intitulé *Ich bin Ramuz*....

JACCOTTET, Philippe, « Remerciement pour le Prix Ramuz », pp. 297–303 in *Une Transaction secrète* (Paris, Gallimard, 1987).

JAKUBEC, Doris, « Ramuz et *Le Petit village* », pp. 9–32 in *C. F. Ramuz 3 : " D'une histoire à l'Histoire"*.

JANY, Jacqueline, « Et si Ramuz revenait ? », *Construire*, 16 sept. 1987, p. 47.

JAQUIER, Claire. *Gustave Roud ou la tentation du romantisme*. Lausanne, Payot, 1987. 327 p.
>   Ramuz est très présent dans cette étude. Voir surtout pp. 182–8, 192–5, 206–8, 223-4, 240-1, 258-9.

KAPPELER, Waltrud, « Altes und Neues aus dem Welschland », *Zürichsee-Zeitung*, 14 Marz 1987, p. 8.
>   La plus grande partie de l'article est consacrée à Catherine Safonoff. Un paragraphe est consacré à deux traductions parues en 1986 : *Samuel Belet* [86E5] et *Farinet oder Das falsche Geld* [86E3], d'après Ramuz. Valeur de l'œuvre de Ramuz.

KAPPELER, Waltrud, [c.r.,] *Zürichsee-Zeitung*, 12 Dezember 1987, p. 26.
>   C.r. de *Ich bin Ramuz...* et de la traduction allemande de *Passage du poète* [87E3].

LONCHAMPT, Jacques, « Jordan comme un paysan de Ramuz », *Le Monde*, 2 juin 1987, p. 11.
>   Appréciation positive de l'exécution des œuvres de Schubert par

« *le chœur Pro Arte de Lausanne et les chœurs de la Suisse romande, animés par Armin Jordan, truculent et savoureux, toujours à l'écoute des secrets profonds, comme un paysan de Ramuz* », lors du Festival de la Seine-Maritime. Au lecteur d'apprécier le rapprochement.

LORANQUIN, A., [c.r.,] *Le Bulletin des lettres*, n° 468, 15 sept. 1987, pp. 230-1.
 C.r. de 87A4 : *Pastorale*....

LUISIER, Marie-Josèphe, « Les Figurants », *Construire*, n° 11, 11 mars 1987.
 Réflexions de figurants qui ont participé au film de Goretta adapté de *Si le soleil ne revenait pas*. Photos de Patrick Mohr représentant diverses scènes avec les figurants.

LUISIER, Bernard, « Derniers tours de manivelle à Binn pour Claude Goretta », *Le Nouvelliste et la Feuille d'avis du Valais*, 28-29 mars 1987, p. 23.
 Commentaires sur le roman de Ramuz *Si le soleil ne revenait pas* associés à des citations du metteur en scène C. Goretta sur ce roman.
 Une photo : Goretta à Imfeld sur le lieu du tournage.

LUISIER, Marie-Josèphe, « Ramuz au cinéma », *Tribune-Le Matin*, 29 mars 1987, p. 8.
 Présentation du film de Claude Goretta, adaptation à l'écran de *Si le soleil ne revenait pas*. Conditions de tournage du film.
 Photos de Patrick Mohr : « Des heures d'attente dans la neige », « Charles Vanel en vieux guérisseur », « Catherine Mouchet ».

MAGYAR, Miklós, « C. F. Ramuz. en Hongrie », *Acta litteraria Academia Scientiarum Hungaricae*, n°ˢ 3-4, 1987, pp. 345–53.

MARTIN, Isabelle, « Relire Ramuz », *Journal de Genève*, 13 juin 1987, samedi littéraire, p. v.
 Présentation de divers textes de Ramuz réédités : 87A2 : *Une Main*, 87A4 : *Pastorale*, 87A8 : *Le Village brûlé*.
 Présentation de la Table générale de la revue *Aujourd'hui* établie par F. Barthassat et J. Dubosson (1985), et de la bibliographie C. F. Ramuz par G. Poulouin aux Lettres Modernes (1985).

MARTIN, Jean-Georges, [c.r.,] *Aînés*, n° 9, 1987, p. 10.
Présentation de 87A8 : *Le Village brûlé*....

MARTIN DE GARD, Roger, [Lettre à E. Dabit,] pp. 398-9 in *Correspondance générale* (Paris, Gallimard, 1987. 608 p.).

MARY, François, [c.r.,] *Plein Chant*, n°s 37-38, automne-hiver 1987, pp. 172–6.
Présentation de trois textes de Ramuz publiés par les Éditions Séquences.

MAURER, Rudolf, « C. F. Ramuz als Kolumnist : die Artikelsammlung, *À propos de tout* », *Neue Zürcher Zeitung*, 13 Januar 1987, p. 33.

MAURER, Rudolf, « C. F. Ramuz in Uebersetzungen », *Neue Zürcher Zeitung*, 29 Januar 1987, p. 35.

MAURER, Rudolf, [c.r.,] *Neue Zürcher Zeitung*, 23-24 Mai 1987, p. 69.
C.r. de 83A3 et 83A4 : *Nouvelles*....

MAYA, Tristan, « *Histoire du soldat* », *Les Affiches d'Alsace et de Lorraine*, n° 5, 16 janv. 1987, p. 24.

MAYA, Tristan, « *Une Main* », *Les Affiches d'Alsace et de Lorraine* », n° 93, 20 nov. 1987, p. 33.
87A2.

● MOREAU, Catherine *et* Jean-Louis PIERRE. *Catalogue du Fonds Ramuz n° 3*. Tours, Association des Amis de C. F. Ramuz et Bibliothèque de l'Université de Tours, 1987. 179 p.

MOREAU, Catherine *et* Jean-Louis PIERRE, « Fonds Ramuz. Actualisation du catalogue n° 3 », *Les Amis de C. F. Ramuz*, Bulletin n° 7, 1987, pp. 49–86.

NETZ, Robert, « C'était écrit », *24 heures*, 11 sept. 1987 [, p. 76].
Réserves sur les choix de Claude Goretta, auteur du film *Si le soleil ne revenait pas* : force de Ramuz quelque peu oubliée, dans le travail de Goretta, dimension mythique de l'œuvre pas assez prise en compte dans le jeu de l'actrice Catherine Mouchet. Toutefois « *quelques belles séquences nous donnent heureusement ce choc des mots et des choses, cette métaphysique lyrique concrète qui font la singularité de l'écrivain vaudois* ».
Une photo : « Charles Vanel, extraordinaire Anzévui ».

NOGUÈS, Marius, « Ramuz, le poète de l'image », *Sud-Ouest*, 26 juil. 1987.
Réflexions sur la réception de l'œuvre de Ramuz hier et aujourd'hui.
Malgré ses détracteurs, l'écrivain est toujours vivant.
Une photo de Ramuz.

NOURISSIER, François, « Un Vaudois anticonformiste », *Tribune-Le Matin*, 23 mai 1987.
Spécificité de Ramuz : neutre, Ramuz n'a pas eu l'expérience de la guerre de 14–18, d'où une distance du public français des années d'après-guerre vis-à-vis d'une œuvre perçue comme folklorique, aux préoccupations artificielles.
Meilleure perception de l'œuvre depuis une vingtaine d'années.
Une photo : Ramuz en bras de chemise.
Voir BINGGELI.

OLIVIER, Francis, « Non point centriste, mais central. Notes sur C. F. Ramuz et la politique », pp. 49–139 in *C. F. Ramuz 3 : " D'une histoire à l'Histoire "*.

OPPENHEIM, Lila, « C. F. Ramuz — Adrienne Monnier », *Les Amis de C. F. Ramuz*, Bulletin n° 7, 1987, pp. 21–4.

P., J. DE, « Le " sorcier " Vanel là-haut sur la montagne », *Lausanne-Cités*, n° 351, 3 sept. 1987, p. 23.

PASQUALI, Adrien, « L'Art, la Suisse et la guerre », *Journal de Genève*, 13 juin 1987, samedi littéraire, p. V.
Présentation de 86A2 : *À propos de tout*.

PAULHAN, Jean, « Ramuz à l'œil d'épervier », *Romandie*, n° 10, 1987, pp. 25-7.
  Traduction japonaise sous le titre « Taka no me no Ramyu » du texte de Paulhan publié en 1949 [Bibl. B.V. 87]. Cette traduction est suivie d'un texte consacré aux deux écrivains Ramuz et Paulhan, pp. 27-8.

PFISTER, Anne, « Chronique », *Construire*, n° 24, 10 juin 1987.
  Présentation des thèmes développés par Ramuz dans les textes qu'il donnait à *La Gazette de Lausanne* de 1913 à 1918.
  En médaillon : Ramuz vu par le peintre Berger.

PIERRE, Jean-Louis, « Guerres et Grande Guerre dans *Les Signes parmi nous* », pp. 141–7 in *C. F. Ramuz 3 : " D'une histoire à l'Histoire"*.

P[IERRE], J[ean]-L[ouis], « À propos de C. F. Ramuz et la sainteté de la terre. Lettres de Ramuz et d'Albert Béguin. "Note" de Bernard Voyenne », pp. 187–95 in *C. F. Ramuz 3 : " D'une histoire à l'Histoire"*.

PIERRE, Jean-Louis, « Postface », pp. 59–61 in RAMUZ, *Une Main* [87A2].

P[IERRE], J[ean]-L[ouis], « Ramuz dans les grands dictionnaires de langue : aperçus... », *Les Amis de C. F. Ramuz*, Bulletin n° 7, 1987, pp. 25–8.

PIERRE, Jean-Louis, « Préface », pp. 7–10 in RAMUZ, *Pastorale. Nouvelles et morceaux, 1905–1946* [87A4].

PIERRE, Jean-Louis, [c.r.,] *Espaces*, n°s 142-143, juil.-août 1987.
  C.r. de 87A2 : *Une Main*.

PIQUOT, Francis, [Illustrations pour *Le Cirque*,] pp. 151-2, 155, 157–9 in *C. F. Ramuz 3 : " D'une histoire à l'Histoire"*.
  Ces illustrations accompagnent des extraits du texte de Ramuz et sont précédées d'une note signée J.-L. P. (Jean-Louis Pierre).

PITHON, Rémy, « L'Œuvre de Ramuz sur les écrans. Notes sur quelques adaptations récentes », pp. 171–83 in *C. F. Ramuz 3 : "D'une histoire à l'Histoire"*.

PITTIER, Jean-Michel, « Ramuz et le langage-image », *Gazette de Lausanne*, 28 févr.-1er mars 1987, p. 15.

> Présentation d'une conférence donnée par P. Renaud. Réserves de J.-M. Pittier à l'égard des analyses du critique sur les liens entre écriture et techniques cinématographiques dans *L'Amour du monde*. Intérêt de la démarche originale de P. Renaud : inviter au débat.

PORTEVIN, Catherine, « Derborence », *Télérama*, n° 1956, 8 juil. 1987, p. 102.

> Qualité du texte de Ramuz. Présentation d'une adaptation radiophonique par Pierre Mariétan diffusée sur France-Culture en 1987.

POULOUIN, Gérard, « Ramuz vu par un bouquiniste (Louis Lanoizelée) », *Les Amis de C. F. Ramuz*, Bulletin n° 7, 1987, p. 17.

> Courte présentation d'un extrait de *Souvenirs d'un bouquiniste* par L. Lanoizelée (L'Âge d'Homme, 1978), pp. 136-7. Cet extrait est reproduit pp. 18-9 dans le bulletin.

POULOUIN, Gérard, « Deux éditions non répertoriées dans la bibliographie Bringolf/Verdan », *Les Amis de C. F. Ramuz*, Bulletin n° 7, 1987, pp. 43–7.

POULOUIN, Gérard, « Postface », pp. 169–73 in RAMUZ, *Si le soleil ne revenait pas* [87A7].

> Statut de l'œuvre : parabole et politique.

PUPIER, Pierre, « Chronologie d'Henri Pourrat », *La Nouvelle Revue de Paris*, n° 12, 1987, pp. 11–60.

> Les liens avec Ramuz sont mentionnés dans cette chronologie.

RENAUD-VERNET, Odette, « Les Tribulations de deux Romands à Paris », *Écrire*, n° 29, automne 1987, pp. 199–205.

> Commentaire sur la place de la littérature romande dans le *Dictionnaire général de la francophonie*. Perception de Ramuz par les promoteurs du dictionnaire, voir pp. 200 et 205.

R[ICHON], N[adine], « Ramuz familier », *24 heures*, 28 août 1987, p. 57.

Programme de la Grande Fête chez Ramuz, qui a eu lieu à Pully en octobre 1987.
Une Main par Armand Abplanalp, d'après Ramuz, des films, etc..

SALEM, Gilbert, « Ramuz polémiste », *24 heures*, 23-24 mai 1987, pp. 39-40.

Présentation de Ramuz, « Ramuz tel qu'il est : un homme, pas un philosophe. Un questionneur, pas un législateur ou un moralisateur... ». Commentaires sur la Grande Fête chez Ramuz à Pully. Citation d'un passage du *Cirque* réédité en 1987.

SALEM, Gilbert, « C. F. Ramuz, Abplanalp et Francioli », *24 heures*, 21 oct. 1987, p. 55.

Présentation du spectacle donné au théâtre municipal de Lausanne : *Une Main* d'après Ramuz, voix du comédien Armand Abplanalp, musique du contrebassiste Léon Francioli. Une photo : Abplanalp, Francioli et dans le fond un poster de Richard Burton transformé en Ramuz par Abplanalp.

SAUGE, André, [c.r.,] *Revue des Belles Lettres*, nos 3-4, 1987, pp. 110–2.

C.r. de 1986 RENAUD, *Ramuz*....

SCHLAPPNER, Martin *et* Martin SCHAUB. *Cinéma Suisse. Regards critiques 1896–1987*. Centre Suisse du cinéma, 1987. 188 p.

Allusions à divers films adaptés de romans ramuziens. Voir p. 8 sur Ramuz et le cinéma, pp. 59–61 sur le film de Max Haufler, *L'Or dans la montagne*.

SCHNEIDER, Christophe, « Verraten, um besser zu dienen : Claude Goretta verfilmt im Binntal C. F. Ramuz' Roman *Si le soleil ne revenait pas* », *Basler Zeitung*, 12 Marz 1987, p. 41.

SCHOELLER, Wilfried F., « Der Horner aus dem Waadtland. Ein erster Materalienband über Ramuz », *Süddentsche Zeitung München*, 12 September 1987.

Secolul 20. Revista de sinteza [Bucarest], nos 310-311-312, 1987. Un numéro spécial de 240 p. consacré à la Suisse. Quelques textes de et sur Ramuz. Voir aussi 1986.

SICLER, Jacques, « *Derborence* », *Télérama*, no 1958, 22 juil. 1987, p. 71.
Commentaire sur le film de F. Reusser. Une photo du film.

SOZZI, Giorgio P., « La Letteratura " suisse romande " oggi : rassegna 1986 », *Nuova Antologia*, n. 2164, ottobre–dicembre 1987, pp. 468–76.

TAUXE, Henri Charles, « La Fête à Ramuz », *24 houros*, 2 oct. 1987, p. 57.
Présentation de la Grande Fête chez Ramuz à Pully. Actualité de Ramuz enfin révélée. « *Il émerge dans sa haute stature de l'océan de médiocrité où l'ont trop souvent noyé des flots de commentaires appauvrissants* [...]. »

TENRET, Yves, « Claude Goretta ou la quête du noir-blanc dans la couleur », *Voir*, le magazine suisse des arts, no 42, sept. 1987, pp. 12–7.
Entretien avec le cinéaste Claude Goretta qui a porté à l'écran *Si le soleil ne revenait pas*. Divers sujets sont abordés, quelques-uns concernent de près Ramuz : les paysans dans l'œuvre de l'écrivain, l'intrigue dans *Si le soleil ne revenait pas*, le regain d'intérêt pour Ramuz aujourd'hui.
Plusieurs photos : Dita Parlo et Ramuz lors du tournage de *Rapt* de Kirsanoff en 1933, le cinéaste Goretta et les acteurs de son film.

V., Mic., « Festival de films ramuziens », *24 heures*, 16 oct. 1987.
Présentation de trois films adaptés de romans de Ramuz : *Rapt*, *Derborence*, *Farinet ou l'or dans la montagne*, projetés lors de la Grande Fête chez Ramuz. Ill. : une scène du film *Derborence* de Francis Reusser.

VERDONNET, Catherine, « Écriture et magie théâtrale », pp. 163–170 in *C. F. Ramuz 3 : " D'une histoire à l'Histoire "*.

WALZER, Pierre-Olivier, « Tout Ramuz à nouveau disponible », *Journal de Genève*, 13 juin 1987, samedi littéraire, p. v.
    Présentation de la réimpression par les Éditions Slatkine des œuvres complètes de Ramuz publiées par Mermod en 1940-1941 et 1954. Intérêt de cette réimpression : saisir l'unité de la pensée et de l'œuvre de Ramuz.
    Une photo : Ramuz à sa table de travail.

W[ATREMEZ], J[ean]-C[laude], « Deux extraits de lettres de C. F. Ramuz dans *Cors de chasse* par Gabriel Fournier », *Les Amis de C. F. Ramuz*, Bulletin n° 7, 1987, pp. 33–6.
    Notes sur l'illustrateur Gabriel Fournier et sur les deux lettres citées par celui-ci dans un ouvrage publié à Genève en 1947 chez l'éditeur Cailler.

WEDER, Heinz, « Ramuz für deutschsprachige Leser », *Der Kleine Bund*, Nr. 291, 12 Dezember 1987, p. 3.
    C.r. de *Ich bin Ramuz...* et de *Besuch des Dichters* [87E3].
    Ill. : portrait de Ramuz par Berger.

WEIBEL, Jürg, [c.r.,] *Luzerner Neueste Nachrichten*, 24 Januar 1987, p. 10.
    C.r. des traductions allemandes, 86E5 : *Samuel Belet* et de 86E3 : *Farinet...*.

ZAHND, René, « Ramuz, une main ouverte », *Gazette de Lausanne*, 22 oct. 1987, p. 21.
    Situation de *Une Main* dans l'œuvre de Ramuz. Présentation de l'adaptation jouée au théâtre municipal de Lausanne par Armand Abplanalp.

1988

(classement alphabétique des périodiques contenant des articles anonymes)

L'Aventure humaine
***, « C. F. Ramuz : La vie et l'œuvre » (hiver 1988, pp. 100-1).

***, « Colloque international C. F. Ramuz » (hiver 1988, p. 101).
  Détail du colloque qui a eu lieu à l'Université de Tours en 1987.

Lausanne-Cités
***, « Ramuz lausannois » (n° 390, 23 juin 1988, p. 5).
  Remarques sur la plaque apposée sur la maison où Ramuz vit le
  jour. Rappel de l'intervention du conseiller communal Blanchet
  en 1957.

Studi francesi
***, [c.r.] (an. XXXII, fasc. 1, 94, gennaio–aprile 1988, p. 181).
  C.r. de 1987 *C. F. Ramuz 3 : " D'une histoire à l'Histoire "*.

*

ANTOINE, Gérald. *Paul Claudel ou l'enfer du génie*. Paris, Robert
  Laffont, 1988. 475 p.
  Quelques références en rapport avec Ramuz. Claudel en Suisse
  en 1915, p. 177.
  Claudel salue les mérites de Ramuz... p. 222. Intérêt moindre
  pour le Vaudois Ramuz que pour les symbolistes de Flandre et
  de Wallonie, p. 312.

ARVIDSSON, Karl Anders. *Henry Poulaille et la littérature prolé-
  tarienne française des années 30*. Göteberg, Acta Universita-
  tis Gothoburgensis, 1988. 288 p. (Coll. « Romantica Gotho-
  burgensia », 35).
  Divers passages sont consacrés à Poulaille et Ramuz.

BERNARD-VERANT, M.-L., « Ramuz, qui êtes-vous ? Un pionnier de la francophonie », *La Libre Belgique*, 24 août 1988.

> Accent mis sur la réflexion de Ramuz à propos de la langue utilisée dans ses œuvres, cette réflexion anticipant l'apparition de la francité en littérature.
> C.r. de GHIRELLI.

BOULANGER, Mousse *et* Henri CORBAT. *Littérature de Suisse romande et Aspects des littératures suisses non francophones. Anthologie et guide.* SAVEDI SA, Bordas Suisse, 1988.

> Voir pp. 67-8 : le temps de Ramuz, en particulier « L'Année 1913 » et « Les Grands mouvements ». Voir aussi p. 70 : C. F. Ramuz, dessin de Jean-Christophe Elleg, p. 71 : Charles Ferdinand Ramuz, pp. 71-2 : extrait de *Farinet* (*Œuvres complètes* [Lausanne, Rencontre, 1968], vol. XIV, pp. 193–5).
> Dans l'article d'Alain Faverger intitulé « Les Idées morales et politiques » (pp. 229–31), voir les commentaires sur Ramuz, pp. 229-30. Voir aussi p. 233 ; note sur les essais politiques de Ramuz, et pp. 233–5 : l'extrait « Une Vie toute faite », dans *Besoin de grandeur* ([Lausanne, Mermod, 1937], pp. 34–6).

BOUVIER, Nicolas, « Autour de *L'Histoire du soldat* » pp. 17-8 et 20-1 in 88F3 : *L'Histoire du soldat....*

BRIATTE, Robert. *Joseph Delteil. Qui êtes-vous ?* Lyon, La Manufacture, 1988. 372 p.

> Sur Ramuz, voir p. 103. Ramuz cité parmi les personnes avec lesquelles Madame Dudley — mère de la future épouse de J. Delteil — avaient sympathisé lors de son séjour à Paris.

BRIDEL, Yves, « Le Surréalisme en Suisse française (1916–1939) », pp. 117–51 in *Miroirs du surréalisme : essai sur la réception du Surréalisme en France et en Suisse française (1916–1939)* (Lausanne, L'Âge d'Homme, 1988).

CASPARY, Michel, « Beaux rêves et diableries », *24 heures*, 24-25 sept. 1988, p. 45.

> Examen de l'œuvre élaborée par Stravinsky et Ramuz : *Histoire*

du soldat. Réflexions des metteurs en scène Leiser et Courier qui ont monté une nouvelle version à Lausanne.
Une photo : Patrick Laff, le diable.

CHESSEX, Jacques, « L'Exemple de Cézanne », *24 heures*, 2-3 juil. 1988, p. 40.
Remarques sur Cézanne. Ramuz devant Cézanne. Ill. : œuvres de Cézanne.
C.r. de 88A3 : *L'Exemple de Cézanne*....

COLOMBO, Luigi, « C. F. Ramuz, la fidélité à des valeurs au moyen d'une langue-geste », *Cenobio*, oct.–déc. 1988, pp. 316–27.

DUPLAIN, Georges, « À propos de l'*Histoire du soldat* », *Bulletin de la Fondation C. F. Ramuz*, an. 1988, pp. 9 et 11.

DUPLAIN, Georges, « Werner Reinhart : parrain du "soldat" », pp. 22 et pp. 24–7 in 88F3 : *L'Histoire du soldat*....

DURUSSEL, André, « *L'Exemple de Cézanne* », *Nouvelle revue de Lausanne*, 15 juil. 1988, p. 12.
88A3.

EECKHOUT, Jean, « Consolation de la lecture », *Le Courrier de Gand* [Ostende], 15 janv. 1988, pp. 3 et 8.

FAVROD, Charles-Henri, « L'Inoubliable Élie Gagnebin », p. 49 in 88F3 : *L'Histoire du soldat*....

FORNEROD, Françoise, [c.r.,] *Écriture*, n° 30, printemps 1988, pp. 293–5.
C.r. de 1986 RENAUD, *Ramuz*... et 1987 *Ich bin Ramuz*....

FOURNIER, Éliane, [c.r.,] *Construire*, n° 39, 28 sept. 1988.
Présentation du spectacle *Histoire du soldat* au théâtre municipal de Lausanne.

FROIDEVAUX, Gérald, « Rencontre avec le mystère », *L'Aventure humaine*, hiver 1988, pp. 102-3.
Texte qui situe et présente le récit inédit de Ramuz, « Le Gros poisson du lac ».

● GHIRELLI, Marianne. *C. F. Ramuz. Qui êtes-vous?* Lyon, La Manufacture, 1988. 315 p.
   Présentation de l'homme et l'œuvre et examen de quelques thèmes privilégiés, pp. 99–107.
   Ramuz et ses contemporains, pp. 129–72.
   Choix de textes de Ramuz, pp. 173–281. Photos pp. 109–28 et pp. 283–302.
   Repères biographiques, pp. 305–9. Bibliographie, pp. 311–5.
   Voir BERNARD-VERANT, JUNOD, KUFFER, MAÎTRE, MARTIN, SALEM, SCHNYDER.

GIROUD, Corinne, « Meyerhold et le théâtre de foire », pp. 39-40 et 43-4 in 88F3 : *L'Histoire du soldat....*

GODENNE, René, « Charles-Ferdinand Ramuz », pp. 137–44 in *Nouvellistes contemporains de langue française* (Villelongue d'Aude, Atelier du Gué, 1988. T. 2. 196 p.).
   Cette présentation de l'écrivain vaudois précède une nouvelle de Ramuz : « La Mort du grand Favre », pp. 145–53.

GRAF, Jean-Pierre, « Le Bonheur des mots », *Construire*, n° 47, 23 nov. 1988, pp. 46-7.
   Entretien avec le comédien Armand Abplanalp. Quelques passages sont consacrés à l'adaptation pour la scène de *Une Main.* Une photo : A. Abplanalp.

GUICHONNET, Paul, « Le Léman dans la littérature d'expression française de 1850 à nos jours », pp. 1–70 in *Les Alpes, les lacs, les lettres* (sous la direction de Paul GUICHONNET et Emmanuelle KANCEFF. Centre d'études franco-italien, Universités de Turin et de Savoie, Slatkine, 1988 [« Cahiers de civilisation alpine », n° 7]).

GUICHONNET, Paul. *Le Guide du Léman.* Lyon, La Manufacture, 1988. 344 p.
   Réflexions sur la place du Léman dans l'œuvre de Ramuz, nombreuses citations, pp. 251–6. Par ailleurs divers extraits de l'œuvre de Ramuz sont cités dans le guide : pp. 119-20, 142, 224, 235, 241.

H., G., « Charles-Ferdinand Ramuz à Buchillon. Le pèlerinage de sa fille », *24 heures*, 1er sept. 1988, p. 22.

Dans cet article est évoqué l'accueil réservé à Marianne Olivieri-Ramuz, la fille de l'écrivain, dans la propriété où elle avait séjourné enfant avec son père. Le lieu est lié à l'œuvre de Ramuz parce qu'il a inspiré à l'écrivain *La Beauté sur la terre*. Une photo de la propriété et des personnes réunies.

HAEDENS, Kléber, [Ramuz,] pp. 364-5 in *Une Histoire de la littérature française* (Paris, Grasset, 1989. 409 p. [Coll. « Les Cahiers rouges]).

Édition hors commerce pour « Le mois des Cahiers rouges ». Cette histoire de la littérature française a été publiée originellement en 1970 chez Grasset.

HAMASAKI, Shiro, « Ramyu to Kulôdelu » [« Ramuz et Claudel »], *Romandie*, 11e année, n° 11, déc. 1988, pp. 33–40.

● HEBEISEN, Wolfgang. *La Lumière dans l'œuvre de C. F. Ramuz*. Berne, Peter Lang, 1988. XX, 207 p. (« Publications Universitaires Européennes, série 13, Langue et littérature françaises », vol. 130).

Réflexion sur l'opposition entre le clair et l'obscur dans l'œuvre de Ramuz, sur la place de l'amour, de la connaissance, de la poésie.

HUGLI, Pierre, « *L'Histoire du soldat* 70 ans après », *Gazette de Lausanne*, 27 sept. 1988, section non paginée « Vaud culturel ».

Rappel de la conception de *L'Histoire du soldat* par Ramuz et Stravinsky.
Brèves remarques sur les metteurs en scène Moshe Leiser et Patrice Courier et sur André Marcon le lecteur, dans le spectacle joué à Lausanne en septembre 1988. Une photo : Ramuz et Igor Stravinsky au temps des *Noces*.

HUGLI, Pierre, « *L'Histoire du soldat* 70 ans après », *Journal de Genève*, 28 sept. 1988, p. 25.

Situation de l'œuvre. Présentation du spectacle donné au théâtre municipal de Lausanne en septembre-octobre 1988, mise en scène de Moshe Leiser et Patrice Courier, direction musicale Jean-Marie Auberson.

HUGLI, Pierre, « *L'Histoire du soldat* : succès », *Gazette de Lausanne*, 30 sept. 1988, section non paginée « Vaud culturel ».
> Commentaires élogieux de la version de *Histoire du soldat* proposée à Lausanne au théâtre municipal en 1988.
> Une photo du spectacle : le diable et le soldat.

JAKUBEC, Doris, « Ramuz narrateur et dramaturge », pp. 32 et 34–7 in 88F3 : *L'Histoire du soldat*....

JANTZEN, René. *Montagne et symboles*. Lyon, Presses Universitaires de Lyon, 1988. 386 p.
> Divers passages sont consacrés au symbolisme de la montagne chez Ramuz.

JUNOD, Roger-Louis, « Charles-Ferdinand Ramuz, toujours actuel », *Nouvelle revue de Lausanne*, 4 oct. 1988, p. 3.
> Notes sur les essais suivants :
> 1986 RENAUD, *Ramuz*....
> 1988 GHIRELLI, *C. F. Ramuz*.
> 1988 HEBEISEN, *La Lumière*....
> « *Trois livres nés d'une revisitation de Ramuz, tous trois éclairants* ».
> Même article dans *Information culturelle SPS*, 2–26 août 1988.

KUFFER, Jean-Louis, « Ramuz ou le malentendu », *Tribune-Le Matin*, 27 mars 1988.
> Situation de Ramuz en France. Jugement contrasté sur l'essai de Marianne Ghirelli consacré à Ramuz. Quelques emprunts à *Remarques*.
> 87A6 : *Remarques*.

LEFRANÇOIS, Patrice, « Le Rôle de la princesse : la part de la danse », *Gazette de Lausanne*, 27 sept. 1988, section non paginée « Vaud culturel ».
> Revalorisation de la danse dans l'*Histoire du soldat* jouée à Lausanne en septembre 1988 grâce à l'apport scénographique de l'Américaine Carol Miles et à l'interprétation du rôle de la princesse par la danseuse étoile Noëlla Pontois.

LORANQUIN, A., [c.r.,] *Le Bulletin des lettres*, n° 472, 15 janv. 1988, p. 12.
C.r. de 87A7 : *Si le soleil ne revenait pas.*

MAÎTRE, Henri, « C. F. Ramuz, qui êtes-vous ? par Marianne Ghirelli », *Le Nouvelliste et La Feuille d'Avis du Valais*, 27 août 1988.
Présentation de l'essai de M. Ghirelli. Résumé de ce qu'elle dit de la démarche de Ramuz.

MARTIN, Isabelle, [c.r.,] *Journal de Genève*, 19 mars 1988, samedi littéraire, p. II.
Isabelle Martin présente trois livres. L'un des trois est l'essai de M. Ghirelli fort apprécié par la critique.

MATHÉ, Roger, [c.r.,] *Revue d'histoire littéraire de la France*, n° 6, nov.-déc. 1988, pp. 1169–70.
C.r. de 1986 RENAUD, *Ramuz*....

MATTHEY, Jean-Louis, « À propos de la partition de l'*Histoire du soldat* et de sa partie de percussion », pp. 58-9 et 61-2 in 88F3 : *L'Histoire du soldat*....

MOREAU, Catherine *et* Jean-Louis PIERRE, « Fonds Ramuz », *Les Amis de C. F. Ramuz*, Bulletin n° 8, 1988, pp. 78–142.

MOURA GUEDES, Tereza, « Charles-Ferdinand Ramuz : la Suisse romande dans la littérature », *Ariane*, n° 6, 1988, pp. 109–26.

OLIVIER, Jean-Michel, « Les Septante ans de l'*Histoire du soldat* », *Tribune de Genève*, 26 sept. 1988, p. 19.
Histoire de l'œuvre. Présentation de la version de Patrice Courier et Moshe Leiser donnée au théâtre municipal de Lausanne en septembre-octobre 1988. Intérêt de l'exposition « due aux soins » d'Estelle Parramore : « *Histoires du soldat* », réunissant documents et témoignages « *jamais encore rassemblés jusqu'ici* ».

OLIVIER, Jean-Michel, « *L'Histoire du soldat* entre audace et sagesse », *Tribune de Genève*, 30 sept. 1988, p. 17.
Intérêt de la version de Patrice Courier et Moshe Leiser, version « *brillante, souvent iconoclaste* ».

ÖRVÖS, Louis, « Ramuz Magyarországon », *Új irás* [Budapest], n° 7, julius 1988, pp. 102–5.

ÖRVÖS, Louis, « Ramuz, aussi celui des Hongrois », *Revue de Hongrie*, n° 1, 1988, pp. 116–21.

OSHIMA, Masaru, « Auberjonois et Ramuz », *Romandie*, 11ᵉ année, n° 11, déc. 1988.

PARRIS, David L., « Un Lecteur de C. F. Ramuz au Québec : Hector de Saint-Denys Garneau », *Les Amis de C. F. Ramuz*, Bulletin n° 8, 1988, pp. 41–74.

PASTORI, Jean-Pierre, « Une Création mondiale de Béjart à Beaulieu. *La Beauté sur la terre* », *24 heures*, 12 déc. 1988, p. 41.
Article consacré à un programme présenté par Béjart dont « *À force de partir, je suis resté chez moi* », création mondiale inspirée à Béjart par des pages de Mahler et de Ramuz.

PELAGATTI, Lucia. *C. F. Ramuz ritorno di " Aline "*. Bologna, Istituto « Carlo Tincani », 1988. 89 p.
Un autre titre est proposé p. 1 : « C. F. Ramuz osservazioni su *Aline* ».
Bibliographie, p. 5.
Généralités, pp. 9–12 ; notes sur *Aline*, pp. 13–7.
Version italienne d'*Aline* [88E1], pp. 23–79.

PELLIGRINI, Vincent, « Charles-Ferdinand Ramuz et le Valais. De Lens à *Derborence* », *Le Nouvelliste et La Feuille d'Avis du Valais*, 13 août 1988.
Le Valais dans l'œuvre et la vie de Ramuz. Ill. : C. F. Ramuz ; la maison du peintre Muret à Lens où séjourna Ramuz.

PICON, Gaëtan. *Panorama de la nouvelle littérature française.*
Paris, Gallimard, 1988. (Coll. « Tel »).
> Remarques sur le style de l'écrivain vaudois et la dimension
> cosmique de l'œuvre, pp. 91-2.

PITTIER, Jacques-Michel, « *Le Petit village* aux jeudis du Conservatoire », *Gazette de Lausanne*, 12-13 mars 1988, rubrique
« VAUD ».
> Situation de l'œuvre. Présentation du spectacle musical. « *L'idée
> de mettre* Le Petit village *en musique, ou plutôt dans un climat
> musical, est due à Jean-Christophe Malan qui fit part de ce pro-
> jet en 1953 déjà au compositeur Pierre Segond.* »

POULOUIN, Gérard, « L'*Histoire du soldat* joué dans les Cha-
rentes », *Les Amis de C. F. Ramuz*, Bulletin n° 8, 1988,
pp. 15–8.
> Présentation de la mise en scène de Jacques Livchine.

POULOUIN, Gérard, « Farinet et Baptistin », *Les Amis de C. F.
Ramuz*, Bulletin n° 8, 1988, pp. 19–34.
> Examen de la bande dessinée, *À la recherche de Peter Pan*, par
> Cosey (Éd. du Lombard, 1985).

POUSAZ, Éric, « Incroyable modernité », *24 heures*, 24-25 sept.
1988, p. 45.
> Entretien avec Jean-Marie Auberson directeur musical du spec-
> tacle l'*Histoire du soldat* donné à Lausanne en 1988. Réflexions
> sur les exigences de Stravinsky. Ill. : 1918 la fameuse toile
> conçue par Auberjonois, une baleine en liberté ; 1945 au Victoria-
> Hall à Genève ; Ansermet, Gagnebin, Ramuz, Auberson.

● *Ramuz vu par ses amis.* Adrien Bovy, Charles-Albert Cingria,
Edmond Gilliard, Paul Budry, Ernest Ansermet, René
Auberjonois, Albert Muret, Elie Gagnebin, Henri-Louis
Mermod, Gustave Roud. Préface de Gérard BUCHET.
Textes et documents réunis par P.-O. WALZER *et* Gérard
BUCHET. Lausanne, L'Âge d'Homme, 1988. 285 p. (Coll.
« Poche Suisse », n° 70).
> La préface occupe les pages 4–17. Illustrations, pp. 4 et 201–80.
> Repères bio-bibliographiques, pp. 281–3.

RAPIN, Jean-Jacques, « *L'Histoire du soldat* ou l'œuvre de trois hommes : Ramuz, Stravinsky et Ansermet », pp. 52 et 55–7 in *L'Histoire du soldat...* [88F3].

RICHTER, Mario, [c. r.,] *Studi francesi*, an. XXXII, fasc. 1, 94, gennaio–aprile 1988, p. 181.
> C. r. de 1987 *C. F. Ramuz 3 : " D'une histoire à l'Histoire".*

ROSSET, Dominique, [c. r.,] *L'Hebdo*, n° 39, 29 sept. 1988.
> Commentaires sur l'*Histoire du soldat* présentée à Lausanne en 1988.

ROUD, Gustave, *Lectures (Rimbaud, Alain-Fournier, Trakl).* Choix présenté par Doris JAKUBEC *et* Philippe JACCOTTET. Lausanne, L'Aire, 1988. 149 p.
> Voir pp. 63–96, « Autour de Ramuz » : textes de Roud adressés ou consacrés à Ramuz et pp. 150-1, bibliographie des écrits de Roud sur Ramuz.

SALEM, Gilbert, « Un Fluide diaphane émane des choses », *24 heures*, 17 mars 1988, p. 57.
> Intérêt de la publication de l'essai de M. Ghirelli : révéler un poète universel méconnu au public francophone. Force de l'œuvre de Ramuz. Propos du critique étayé par des citations de *Remarques.*
> Ill. : C. F. Ramuz en 1945 à La Muette, une photo inédite de Jean-Pierre Grisel.

SAUR, Dominique, « Sous l'égide du Conservatoire : *L'Histoire du soldat* », *La Nouvelle république du Centre-Ouest*, 26 janv. 1988, p. 3.

SAUR, Dominique, « Une Histoire de diable et de soldat », *La Nouvelle république du Centre-Ouest*, 5 févr. 1988, p. 7.

SCHNYDER, Peter, « Comment peut-on être Vaudois ? », *Critique*, tome XLIV, n° 499, déc. 1988, pp. 1048-9.
> C.r. de GHIRELLI.
> Intérêt de l'essai de M. Ghirelli : montrer que « *toute sa vie*

durant, Ramuz a douté », souligner « *l'apport profondément novateur de cette œuvre* ».

SCHWED, Véronique, [c. r.,] *L'Hebdo*, n° 39, 29 sept. 1988.
Présentation du spectacle *L'Histoire du soldat* donné à Lausanne en 1988.
Voir ROSSET.

SOZZI, Giorgio P., « La Letteratura " suisse romande " oggi : rassegna 1987 », *Nuova Antologia*, vol. 560, fasc. 2167, luglio-settembre 1988, pp. 480–90.

STRAVINSKY, Théodore, « Souvenir de la première de *L'Histoire du soldat* », p. 50 in 88F3 : *L'Histoire du soldat*...

TORTAJADA, Maria, « C. F. Ramuz à deux voix », *Journal de Genève*, 8-9 oct. 1988, samedi littéraire, p. IX.
C. r. du spectacle d'après *Une Main* associant Abplanalp et Francioli. « *Leur spectacle " La main " par son dénuement, exprime l'expérience d'un homme avec humour et étonnement* ».

VALBERT, Gérard, « Journal des journaux suisses », *Magazine littéraire*, n°s 252-253, avril 1988, pp. 98-9.
Remarques sur les journaux de Ramuz, Roud, Alice Rivaz et Rougemont. Intérêt du journal de Ramuz, limites d'une telle publication (le critique fait allusion à la réédition par les Éditions de L'Aire du *Journal 1895–1947*). Ill. : C. F. Ramuz ; un extrait de son Journal, daté 30 mai 1944.

WALZER, Olivier. *A vot'bon cœur, M'sieu' Dames*. Petit traité de mendicité culturelle (Genève, Zoé, 1988. [Coll. « Cactus »]).
Pp. 134-5 : « Un Conseil de C. F. Ramuz ».

WOLFF, Nathalie, « C. F. Ramuz au cœur de Montparnasse de la " Belle Époque " », *Revue d'histoire du XIVe arrondissement de Paris*, n° 32, 1988, pp. 59–74.
Commentaires sur les différents logements occupés par Ramuz à Paris accompagnés de photos.

ZAHND, René, « À force de partir je suis resté chez moi », *Journal de Genève*, 3-4 déc. 1988, supplément spécial fêtes [non paginé].

Entretien avec Maurice Béjart. Intérêt manifesté par le chorégraphe pour l'*Histoire du soldat*. La lecture du *Journal* de Ramuz a enrichi le travail de Béjart sur Mahler. Intérêt pour la démarche de Ramuz auquel Béjart a emprunté le titre de son ballet. Deux photos : Béjart, Ramuz.

COMPLÉMENT
à la bibliographie
BRINGOLF-VERDAN

ŒUVRES

1921

21E1

Gesammelte Werke. Unter Mitwirkung des Verfassers, herausgegeben von Albert BAUR. Basel, Leipzig, Rhein-Verlag, 1921.

Vol. 1 [*La Punition par le feu*] *Die Sühne im Feuer. Gedichte und Novellen.* Uebers. von Albert BAUR. XVI-199 p.

> Ce volume comprend douze récits : « La Punition par le feu » ; « L'Homme » ; « L'Homme perdu dans le brouillard » ; « La Mort du grand Favre » ; « Mousse » ; « Le Tout-Vieux » ; « La Paix du Ciel » ; « Alors il alla à la messe » ; « Deux petits morceaux » ; « Le Domestique de campagne » ; « Vignerons » ; « La Création du jour ».

Vol. 2 [*Le Règne de l'Esprit malin*] *Das Regiment des Bösen.* Uebers. von Emil WIEDNER unter Mitwirkung von Albert BAUR. 247 p.

Vol. 3 [*Les Signes parmi nous*] *Es geschehen Zeichen.* Uebersetzt von Albert BAUR. 244 p.

1922

22C1

« Salutation à la Savoie », *Écrits du Nord* [Bruxelles], novembre 1922.

> Ce texte est reproduit dans *Un Coin de Savoie* (Aigre, Séquences, 1989), pp. 29–102.

22E1

[*Le Règne de l'Esprit malin*] *The Reign of the Evil One.*
Authorized transl. by James WHITALL. With an introd.
by Ernest BOYD. New York, Brace and Co, 1922. 18 +
196 p.

1924

24E1

[*Histoire du soldat*] *Die Geschichte vom Soldaten.* Gelesen,
gespielt und getanzt. Freie Nachdichtung von Hans
REINHART. Zürich, Verlag Lesezirkel Hottingen, 1924.
32 p.

24E2

[*Histoire du soldat*] *The Soldier's Tale.* English version by
Rosa NEWMARCH. London, J. and W. Chester, 1924.
32 p.

1925

25C1

« Joie dans le ciel », *Le Taudis*, 2ᵉ cahier, juil. 1925,
pp. 46–53.

25C2

« L'Ouvrier », *Le Travail* [Verviers], nᵒ 213, 1925, p. 1.

25E1

[*La Guérison des maladies*] *Ne mocní se uzdravují.*
Přeložila Lída FOLTOVÁ-POSPŮŠILOVÁ. Praha, DP,
1925. 134 p. « Živé Knihy, Svazek » 24.

Voir 1925 NOVÁK.

Voir 1926 FRAENKEL.

1926

26E1

[*Histoire du soldat*] *Die Geschichte vom Soldaten.* Gele-
sen, gespielt u. getanzt. Frcie Nachdichtung von Hans
REINHART. Musik von Igor STRAWINSKY. Mainz,
B. Schotts Söhne, 1926. 31 p.

26E2

[*Jean-Luc persécuté* suivi du « Tout-Vieux » et d'« Alors
il alla à la messe »,] *Nayameru Jean-Luc,* « Jiisan »,
« Sokode Kare wa misa e itta ». Traduction de
Jun ISHIKAWA. Tokyo, Librairie Sôbunkaku, 1926.
243 p.

Les traductions sont précédées d'un avertissement rédigé par le
traducteur afin de présenter Ramuz aux lecteurs japonais.

26E3

[*Passage du poète*] *Ein Dichter ham und ging.* Herausgegeben und übersetzt von Albert BAUR. Zürich, Orell
Füssli, 1926. 196 p.

1927

27C1

« Jean-Luc persécuté », *La Tribune de l'Aube*, n° 3, 1er août 1927.
Version de l'édition Georg [Bibl. B. V. 10*b*]

27E1

[*La Grande peur dans la montagne*] *Das Grosse Grauen in den Bergen*. Deutsch von Werner Johannes GUGGEN-HEIM. Stuttgart, Berlin, Leipzig, Union Deutsche Verlagsgesellchaft, 1927. 283 p.

27E2

[*La Grande peur dans la montagne*] *Das Grosse Grauen in den Bergen*. Deutsch von W. J. GUGGENHEIM. Leipzig und Wien, Weller Verlag, 1927.

27E3

[*La Guérison des maladies*] *Kärlekens under*. Trad. Fanny EKENSTIERNA. Stockholm, Albert Bonniers Förlag, 1927.

27E4

[*Jean-Luc persécuté*] [Ƶatravlennyï]. Traduction de K. VARSĂVSKAJA et N. VOL'PIN. Leningrad, Priboj [Le Ressac], 1927.

27E5

[*La Séparation des races*] *Sonderung der Rassen*. Deutsch von Werner Johannes GUGGENHEIM. Leipzig und Wien, Weller Verlag, 1927. 279 p.

27E6

[*La Séparation des races*] *Sonderung der Rassen*. Deutsch von W. J. GUGGENHEIM. Stuttgart, Berlin, Leipzig, Union Deutsche Verlagsgesellchaft, 1927. 279 p.

1928

28E1

[*Aline*] [Alina]. Traduction de L. M. VORKOVICKAJA. Leningrad, Bibliothèque de la Littérature Mondiale, 1928. 126 p.

1929

29C1

[Une lettre,] *Paris-Soir*, 7 août 1929.

Extrait de la lettre à Bernard Grasset

29C2

« Le Retour du Soldat », *Revue française*, 4 août 1929.

Quelques fragments de *Histoire du soldat*.

29E1

[*La Beauté sur la terre*] *Beauty on Earth*. London and New York, G. P. Putnam's SONS, 1929. 290 p.

1930

30E1

[*La Grande peur dans la montagne*] *Cumbres de espanto*. Trad. de José Maria QUIROJA PLÁ. Madrid, Ed. Ceni S. A., 1930. 252 p.

Traduction reprise en 1942 chez Argos, en 1970 et 1973 chez Plaza & Janès.

30E2

[*La Guérison des maladies*] *Die Wandlung der Marie Grin*. Deutsch von W. J. GUGGENHEIM. Stuttgart-Berlin-Leipzig, Union Deutsche Verlagsgesellschaft, 1930. 227 p.

30E3

[*Histoire du soldat*] *De Geschiedenis van den soldaat*. Gelezen, gespeeld, gedanst, geteekend. Vertalind M. NIJHOFF. Maastricht en BRUSSEL, A. A. Stols, 1930. 47 p.

1931

31C1

« La Montagne et le cinéma », *Bordeaux-ciné*, 20 mars 1931, p. 8.

31E1

[*La Beauté sur la terre*] *Die Schönheit auf Erden*. Deutsch von W. J. GUGGENHEIM. Stuttgart-Berlin-Leipzig, Union Deutsche Verlagsgesellschaft, 1931. 289 p.

31E2

[*La Beauté sur la terre*] *Kráza na zemi*. Přeložila A. KUCĚROVÁ. V Praze 1931. « Viknihy » 25.

Voir 1931 KOPAL.

31E2

[*La Beauté sur la terre*] *Kráza na zemi*. Přeložila A. KUCĚROVÁ. V Praze 1931. « Viknihy » 25.

Voir 1931 KOPAL.

1932

32A1

Farinet ou la fausse monnaie. Paris, Grasset, 1932. 288 p.
Exemplaire imprimé pour le French Book Club de
New York.

Reprend le texte de l'édition courante chez Grasset [Bibl.
B. V. 39*a*].
Sur cette édition spéciale, voir 1987 POULOUIN, « Deux édi-
tions... », *Les Amis de C. F. Ramuz*, Bulletin n° 7, 1987, pp. 46-7.

32E1

[*L'Amour du monde*] *Menschenliefde*. Vertaling van Marie
W. WOS (Internationale keurvoekerij 1931) 's-Gravenh.,
Servire [overgegaan aan Mij. tot verspr. van golde en
gocdk. lectuur. Amsterdam] 1932.

32E2

[*Jean-Luc persécuté*] *Hans Lukas der Verfolgte*. Deutsch
von W. J. GUGGENHEIM. Zürich, Berein f. Berbreitung
guter Schriften, 1932. 112 p.

1933

33E1

[*Farinet ou la fausse monnaie*] *Farinet oder Das falsche
Geld*. Deutsch von W. J. GUGGENHEIM. München,
R. Piper & Co, 1933. 236 p.

1934

34C1

« Wallons et Suisses romands éprouvent pour la France les mêmes sentiments d'attachement filial et de fidélité : déclaration d'un grand écrivain vaudois », *La Défense wallonne*, 11 mars 1934, p. 4.

34E1

[*Histoire du soldat*] *De Geschiedenis van den soldaat.* Gelezen, gespeeld, gedanst. Fransche tekst F. [*sic*] F. Ramuz; musik Igor STRAVINSKY; nederlandsche bewerking M. NIJHOFF. Amsterdam, N. V. Em. Queridos mij., 1934. 35 p.

34E2

[*Une Main*] *Eine Hand.* Deutsch von W. J. GUGGENHEIM. Zürich, Leipzig und Stuttgart, Rascher, 1934. 75 p.

34E3

[*Passage du poète*] *Ein Dichter kam und ging.* Uebers. von Albert BRAUN. Zürich, Leipzig und Stuttgart, Rascher, 1934. 196 p.

34E4

[*Le Règne de l'Esprit malin*] *Das Regiment des Boesen.* Uebers. von Emil WIEDNER under Mitwirking von Albert BAUR. Zürich, Leipzig und Stuttgart, Rascher, 1934. 247 p.

34E5

[*La Séparation des races*] *La Separazione delle razze.* Trad. di Giuseppe ZOPPI. Milano, L'Eroica, 1934. 293 p. (Coll. « Montagna », n. 14).
« Introduction », par G. ZOPPI, pp. 7–9.

34E6

[*Les Signes parmi nous*] *Es geschehen Zeichen*. Uebers. von Albert BAUR. Zürich, Leipzig und Stuttgart, Rascher, 1934. 244 p.

1935

35C1

« Les Circonstances de la vie », *Le Rond-point des lettres et des arts*, 1er juil. 1935, p. 5.

35E1

[*La Grande peur dans la montagne*] *Das Grosse Grauen in den Bergen*. Deutsch von W. J. GUGGENHEIM. München, R. Piper & Co, 1935. 258 p.

35E2

[*Jean-Luc persécuté* suivi du « Tout-Vieux » et d'« Alors il alla à la messe »] *Nayameru Jean-Luc*, « Jiisan » « Sokode kare wa misa e itta ». Tokyo, Librairie Shunyôdô, 1935. 187 p.
> Réimpression de l'édition de 1926.

1936

36E1

[*Derborence*] *Berget och kvinnam*. Gabrielle Ringertz, 1936.

36E2
[*Derborence*] *Bergsturz auf Derborence.* Erzählg deutsch von W. J. GUGGENHEIM. Zürich-Wien-Prag, Büchergilde Gutenberg, 1936. 189 p.

36E3
[*Derborence*] *Der Bergsturz.* Deutsch von W. J. GUGGEN-HEIM. München, R. Piper & Co, 1936. 195 p.

36E4
[*Le Garçon savoyard*] *In Bursche aus Savoyen.* Deutsch von W. J. GUGGENHEIM. Zürich-Wien-Prag, Büchergilde Gutenberg, 1936. 199 p.

1937

37E1
[*La Grande peur dans la montagne*] *Dès na Hoře.* Přeložila Lida FALTOVÁ. Praha, Symposium, 1937. 185 p.
Voir 1937 FORMANOVA, MATOUS.

37E2
[*Farinet ou la fausse monnaie*] *Farinet oder Das falsche Geld.* Deutsch von W. J. GUGGENHEIM. Wien-Zürich-Prag, Büchergilde Gutenberg, 1937.

1938

38E1
[*Besoin de grandeur*] *Bedürfnis nach grösse.* Deutsch von W. J. GUGGENHEIM. Zürich, Verlagsbuch handlung Stauffacher, 1938. 174 p.

38E2

[*La Guerre dans le Haut-Pays*] *Krieg in Oberland.* Deutsch
von W. J. GUGGENHEIM. Zürich, Schweizer Druck und
Verlagshaus, 1938. 269 p.

38E3

[*Jean-Luc persécuté*] *Hans Lukas der Verfolgte.* Deutsch
von W. J. GUGGENHEIM. Illustrieit von Ignaz EPPER.
Zürich, Schweizer Bücherfreunde, 1938. 139 p.

38E4

[*Si le soleil ne revenait pas*] *Wenn die Sonne nicht mehr
wiederkäme.* Deutsch von W. J. GUGGENHEIM. Zürich,
Humanitas Verlag, 1938. 223 p.

1939

39E1

[*Adam et Ève*] *Adam a Eva.* Román Přeložil Jan CEP.
Praha, J. Laichter, 1939. 233 p. (« Laichterova sbérka
Krásného pízemnickví », 45).

39E2

[*Derborence*] *Der Bergsturz.* Deutsch von W. J. GUGGEN-
HEIM. Zürich und Leipzig, Rascher, 1939. 195 p.

39E3

[*Farinet ou la fausse monnaie*] *Farinet oder Das falsche
Geld.* Deutsch von W. J. GUGGENHEIM. Zürich und
Leipzig, Rascher, 1939. 236 p.

39E4

[*Farinet ou la fausse monnaie* suivi de *Joie dans le ciel*]
Nisegane, Tengoku no yorokobi. Traduction de Tsu-
too WADA. Tokyo, Librairie Mikasashobô, 1939. 339 p.
Les traductions sont suivies d'une postface par le traducteur.

39E5

[*La Grande peur dans la montagne*] *Das Grosse Grauen in
den Bergen.* Deutsch von W. J. GUGGENHEIM. Zürich
und Leipzig, Rascher, 1939. 258 p.

39E6

[*Paris, notes d'un Vaudois*] *Paris, aufzeichnungen eines
Waatländers.* Deutsch von W. J. GUGGENHEIM, acht
radierungen von Charles MÉRYON. Zürich, Büchergilde
Gutenberg, 1939. 281 p.

39E7

[*Taille de l'homme*] *Míra člověka.* Přeložila Jiřina RYBÁ-
ŘOVÁ. Praha, J. Laichter, 1939. 135 p.

COMPLÉMENT
à la bibliographie
BRINGOLF-VERDAN

CRITIQUE

1921

CLERC, Charly, « Lettre de Suisse », *Renaissance d'Occident* [Bruxelles], nov. 1921, pp. 586–9.

HELLENS, Franz, « C. F. Ramuz : Salutation paysanne et autres morceaux », *Signaux de France et de Belgique*, 1re année, no 5, 1er sept. 1921, pp. 254-5.

1923

CHOPARD, Wilfred, « C. F. Ramuz et l'art d'écrire », *Le Gaulois*, 5 mai 1923.

1924

CHERONNET, Louis, « *La Guérison des maladies* par C. F. Ramuz », *La Revue européenne*, 1er déc. 1924, pp. 77-8.

MADELAIGUE, Jean, « *La Guérison des maladies* (Bernard Grasset éditeur) », *Le Journal du peuple*, 25 oct. 1924.

WAHL, Lucien, « *La Guérison des maladies* », *L'Information*, 4 nov. 1924.

1925

(classement alphabétique de périodiques contenant des articles anonymes)

Le Grenier [Orléans]
***, « *Joie dans le ciel* » (n° 9, nov. 1925, p. 201).

Revue française de Prague
***, [c. r.,] 4, 1925, pp. 53-4.
Sur une traduction tchèque de *La Guérison des maladies*.

*

BOUCHARDY, François, « Sur Ramuz », *Causeries*, n° 10, oct. 1925, pp. 395–9 et n° 11, nov. 1925, pp. 431–5.

CRASTRE, Victor, « C. F. Ramuz : *La Guérison des maladies* », *Clarté*, n° 71, 1925.

DORÉNAVANT, Jacques, « Salut à C. F. Ramuz le grand poète suisse », *Le Taudis*, cahier n° 1, juin 1925, pp. 22-3.

DUPOUY, Auguste, [c. r.,] *Démocratie nouvelle*, 17 oct. 1925.

GUELETTE, E., [c. r.,] *Vers l'avenir*, 27 mai 1925.

JOUGLET, René, « *L'Amour du monde, Joie dans le ciel* par C. F. Ramuz », *La Revue européenne*, 1er déc. 1925, pp. 71-2.

MOREMANS, Victor, « C. F. Ramuz : " *Terre du ciel*" et *Joie dans le ciel*, deux versions », *Gazette de Liège*, 3 sept. 1925.

NOVÁK, A., [c.r.,] *Lidové noviny*, 19 déc. 1925, p. 9.
Sur une traduction tchèque de *La Guérison des maladies*.

ORION, « Deux romans de C. F. Ramuz », *Action française*, 21 sept. 1925, p. 4.
À propos de *Joie dans le ciel* et *L'Amour du monde*.

POULAILLE, Henry, « L'Œuvre de C. F. Ramuz. À propos de ses derniers livres : *La Guérison des maladies, Joie dans le ciel, L'Amour du monde* », *Journal des Ardennes*, n° 1977, 13 août 1925, p. 3.

REY-MILLET, Constant, « C.-F. Ramuz poète vaudois », *Le Taudis*, cahier n° 1, juin 1925, pp. 24–9.

REY-MILLET, Constant, « C.-F. Ramuz poète vaudois : Ramuz et l'Âme des gens de chez lui », *Le Taudis*, cahier n° 3, août 1925, pp. 98–101.

REY-MILLET, Constant, « C.-F. Ramuz poète vaudois : Ramuz et l'Âme des Gens de chez lui », *Le Taudis*, cahier n° 4, sept.-oct. 1925, pp. 116–9.

RUET, Noël, « Henri Pourrat imagier d'Auvergne », *La Wallonie*, 26 août 1925.

SOAVI, J., [c. r.,] *La Vie nouvelle*, 15 nov. 1925.

1926

(classement alphabétique des périodiques contenant des articles anonymes)

Le Grenier [Orléans]
***, « Un Long poème en prose de C. F. Ramuz, Chant des pays du Rhône » (n° 14, avril 1926).

*

DEMANY, Fernand, [c.r.,] *La Renaissance d'Occident*, sept. 1926,
pp. 287-8.
C. r. de *La Guérison des maladies*.

DORSENNE, J. [c.r.,] *Dépêche coloniale*, 18 juin 1926.
Réserve à l'égard de *La Grande peur dans la montagne*.

FRAENKEL, P., [c.r.,] *Rospravy Aventinu*, 1, 1925-1926, p. 129.
Sur une traduction tchèque de *La Guérison des maladies*.

GAILLARD, Émile, « *La Grande peur dans la montagne* », *Revue
alpine*, 2e trimestre 1926, pp. 90-1.

POULAILLE, Henry, « *La Grande peur dans la montagne*, par
C. F. Ramuz », *Le Peuple*, 4 juin 1926, p. 3.

POULAILLE, Henry, « Charlie Chaplin écrivain », *Les Chroniques
du jour*, 7e année, nos 7-8, 31 déc. 1926, pp. 203–14.
Quelques allusions à Ramuz : p. 206 : parallèle entre la sensibilité
de Chaplin dans ses films et l'émotion contenue dans des œuvres
d'écrivains dont Ramuz ; p. 207 : citation de Ramuz sur l'émotion
reprise par Poulaille ; p. 210 : authenticité de Ramuz ; p. 214 : le
recours à une langue cinématographique par Ramuz.

TOUSSEUL, Jean, « C. -F. Ramuz », *Le Travail* [Verviers], 10 janv.
1926.

1927

(classement alphabétique des périodiques contenant des articles anonymes)

Triptyque. Lettres. Arts. Sciences.
***, « *Aline* par C. F. Ramuz (chez Bernard Grasset) », n° 9,
rubrique « Les Livres », juin-juil. 1927, p. 15.
Jugement favorable à l'égard d'un récit « *écrit avec beaucoup de
talent descriptif et de fraîcheur* ».

*

POULAILLE, Henry, [c. r.,] *La Tribune de l'Aube*, n° 3, 1ᵉʳ août
1927.
    C. r. de *Jean-Luc persécuté*.

1928

(classement alphabétique des périodiques contenant des articles anonymes)

Paris-Soir
***, « Un Écrivain romand : C.-F. Ramuz » (26 sept. 1928).

Triptyque. Lettres. Arts. Sciences.
***, « *La Beauté sur la terre* par C. F. Ramuz (chez Mermod) »,
n° 17, rubrique « Les Livres », avril 1928, p. 11.
    Résumé du roman. Jugement sur l'histoire telle qu'elle est racon-
tée : « *Ramuz nous présente cette histoire dans un agréable décor
[...] il a souvent d'heureuses trouvailles de mots ; ses descriptions
sont fines et justes [...]*. »

*

ANCIAUX, Charles, « Ramuz : *Aline* », *La Terre wallonne* [Charle-
roi], t. XVIII, n° 106, juil. 1928, p. 226.

BUCK, J. M. DE, « C. F. Ramuz : *Farinet ou la fausse monnaie* »,
La Terre wallonne, t. XVIII, n° 106, juil. 1928, p. 103.

E., B., « C. F. Ramuz. *Jean-Luc persécuté*. Histoire de la montagne », *La Terre wallonne*, t. XVIII, n° 106, juil. 1928,
pp. 314-5.

FOURNIER, Christiane, « *La Beauté sur la terre* par C. F. Ramuz », *La Revue européenne*, 1ᵉʳ sept. 1928, pp. 981-2.

LEFÈVRE, Frédéric, « Aus einem gesprächt mit C. F. Ramuz »,
Der Lesezirkel 15, 1928, pp. 32–6.

PILLEMENT, Georges, « Ramuz », *Chanteclerc*, 29 sept. 1928.

1929

(classement alphabétique des périodiques contenant des articles anonymes)

La Radio. Journal des amateurs de TSF, organe officiel de la
société romande de radiophonie.
***, « C. F. Ramuz au microphone. C. F. Ramuz lira de ses œuvres
au studio de Lausanne le 1er juillet, invité par la société de
Zofingue » (programme du 30 juin au 6 juil. 1929).

*

BILLY, André, [c. r.,] *L'Œuvre*, 17 nov. 1929.
Article consacré à *Un de Baumugnes* de Giono. Billy compare
Giono et Ramuz.

CHARPENTIER, John, [c. r.,] *Mercure de France*, 15 juil. 1929.
Article consacré à *Colline* de Jean Giono. Rapprochement avec
La Grande peur dans la montagne, roman paru en 1926.

DUNOYER, Jean-Marie, [c. r.,] *La Vie alpine* [Grenoble], 2e année,
n° 14, 5 janv. 1929, pp. 8-9.
C. r. de *La Beauté sur la terre*.

HEJDUK, J., [c.r.,] *Cesta*, 11, 1929, pp. 231-2.
Sur *Joie dans le ciel* et *La Beauté sur la terre*.

MARCEL, Gabriel, [c. r.,] *L'Europe nouvelle*, 2 mars 1929.
Présentation de *Colline* de Giono, parallèle avec *La Grande peur
dans la montagne*.

P., C., « Ramuz jugé par René de Weck », *Journal de Genève*, 15 oct. 1929.
> C. r. de *Opinions sur Ramuz* [Bibl. B.V. 927].

POULAILLE, Henry, « C. F. Ramuz », *Rospravy Aventinu*, 4, 1928-1929, p. 35.

POURRAT, Henri, « *Salutation paysanne* par C. F. Ramuz », *La Revue européenne*, 1er oct. 1929, p. 404.

POURRAT, Henri, « À la recherche du paradis perdu », *Le Mail* [Orléans], no XIV, hiver 1929, pp. 77–80.
> Allusion à Ramuz, p. 79.

THIBAUDET, Albert, [c. r.,] *Candide*, 25 févr. 1929.
> Article consacré à *Colline* de Jean Giono. Parallèle avec *La Grande peur dans la montagne*.

1930

(classement alphabétique des périodiques contenant des articles anonymes)

La Petite illustration
***, « Les Horizons et les Champs » (no 463, Roman no 205, 18 janv. 1930, p. 33).
> Présentation de la collection « Champs » dirigée par Henri Pourrat, annonce des textes à paraître (entre autres *Fête des vignerons*). Texte reproduit dans *Les Amis de Ramuz*, bulletin no 9, 1989, p. 51.

*

ABRAHAM, Marcel, [c. r.,] *Le Mail* [Orléans], no XV, printemps 1930, pp. 62-3.
> C. r. de *Fête des vignerons*.

BRÉMOND, Arnold, « Éloge de Ramuz (suite) », *Le Semeur*, févr. 1930, pp. 218–27.
Cet article complète un article signalé dans la Bibliographie Bringolf-Verdan (voir le n° 1841).

HEJDUK, J., [c.r.,] *Cesta*, 12, 1930, p. 67.
Sur *Salutation paysanne*.

POULAILLE, Henry. *Nouvel âge littéraire*. Paris, Librairie Valois, 1930. 448 p.
Nombreuses réflexions sur Ramuz et l'authenticité. Parallèle entre Proust d'une part, Cendrars et Ramuz d'autre part, p. 52. Influence de Ramuz sur Giono, p. 186. Parallèle entre Ramuz et Giono, pp. 372-3.

SCHNETZLER, Jean, « C. F. Ramuz », *L'Illustré* [Lausanne], 31 juil. 1930, pp. 950-1.

TOUSSEUL, Jean, « C. F. Ramus [*sic*] », *Le Coopérateur* [Bruxelles], mars 1930, p. 1.

1931

FLOUQUET, P. L., « *Le Journal des Poètes* vous présente Ramuz », *Le Journal des Poètes*, 5 déc. 1931.

KOPAL, M., [c.r.,] *Nové Čechy*, 14, 1931, pp. 224–6.
Sur la traduction tchèque de *La Beauté sur la terre*.

SCHLODOW, N., « F. X. Šalda juge C. F. Ramuz », *Revue française de Prague*, 10, 1931, pp. 424–6.

1932

DELACOUR, André, « C. F. Ramuz », *Européen*, 7 août 1932.

ŠALDA, F. X., « Novy typ basaického regionalismu : C. F. Ramuz », *Šaldův zápisník*, 4, 1931-1932, pp. 10–23.

ŠALDA, F. X., « Problémy lidu a lidovosti v nové tvorbé básnické », *Šaldův zápisník*, 4, 1931-1932, pp. 153–90.

VIRIEU, Georges, « C. F. Ramuz », *La Revue française*, 28e année, n° 12, 24 avril 1932, p. 478.
Notes sur les lieux et les personnages dans quelques romans de Ramuz.

1933

(classement alphabétique des périodiques contenant des articles anonymes)

Bordeaux-ciné
***, « Kirsanoff tourne *Séparation des races* » (6 oct. 1933, p. 5).

*

BARJAC, Claude, « Nos débutants d'hier : M. C.-F. Ramuz », *La Grande revue*, t. 142, 1933, pp. 164-5.

CASSOU, Jean, « Jeunes poëtes romands », *Les Nouvelles littéraires*, 11 févr. 1933.
C. r. de Edmond Humeau *Axonométrique romand* dans la revue catholique belge *Nouvelle équipe*, n°s 2-3, chez Desclée De Brouwer, etc..
Allusion à Ramuz : Ramuz découvreur dans le sol helvétique d'un lyrisme universel.

LÜPKE, H. VON, « C. F. Ramuz als Bauerschilderer », *Dorfkirche* [Berlin], Nr. 26, 1933, pp. 46–50.

MARTIN, Jean-G., « Un Film tiré d'une œuvre de C.-F. Ramuz tourné dans une région valaisanne », *La Tribune de Genève*, 20 oct. 1933.

NOËL, Maurice, « *Une Main* », *Le Figaro*, 13 mai 1933, p. 4.

1934

(classement alphabétique des périodiques contenant des articles anonymes)

Ciné-magazine
***, [c. r.,] (4 oct. 1934).
>   C.r. du film de D. Kirsanoff, *Rapt* d'après *La Séparation des races*.

Cinématographie française
***, « *Rapt* : drame campagnard parlé en français » (29 sept. 1934).
>   C.r. de *Rapt* de Kirsanoff.

Petit Parisien
***, [c. r.,] (21 sept. 1934).
>   C.r. de *Rapt* de Kirsanoff.

La Suisse
***, « Au cinéma Rialto, M. C. F. Ramuz parle de la montagne et de *La Séparation des races* » (10 nov. 1934).

*

CHANTAL, Suzanne, [c. r.,] *Le Journal de la femme*, 29 sept. 1934.
>   C.r. de *Rapt* de Kirsanoff.

GAVY-BELEVIN, A., « *Adam et Ève* » par C. F. Ramuz », *Le Phare de la Loire* [Nantes], 8 janv. 1934.

MARGUET, Jean, [c.r.,] *Excelsior*, 28 avril 1934.
    C.r. de *Rapt* de Kirsanoff.

REGENT, Roger, [c. r.,] *À Paris*, déc. 1934.
    C.r. de *Rapt* de Kirsanoff.

SÜSKIND, W. E., « C. F. Ramuz », *La Revue européenne*, avril
1934, p. 255.

VUILLERMOZ, Émile, [c. r.,] *Radiomagazine*, 7 oct. 1934.
    C.r. de *Rapt* de Kirsanoff.

VUILLERMOZ, Émile, [c. r.,] *Le Temps*, 28 sept. 1934.
    C.r. de *Rapt* de Kirsanoff.

WYSS, H. A., « C. F. Ramuz : Eindrücke aus seinem Land und
Werk », *Schweizer Monatshefte für Politik und Kultur*, Nr. 13,
1934, pp. 550–4.

ZOPPI, Giuseppe, « Introduzione », pp. 7–9 in RAMUZ, *La Séparazione delle razze* [34E5].

1935

(classement alphabétique des périodiques contenant des articles anonymes)

Action française
***, [c. r.,] (4 janv. 1935).
    C.r. du film *Rapt* de Kirsanoff.

Canada
***, « *Rapt* est un film d'un tragique intense » (1er avril 1935).

Excelsior
***, « *Rapt* » (4 janv. 1935).

Le Figaro
***, « *Rapt* » (8 janv. 1935).

Le Progrès de Lyon
***, [c. r.,] (10 janv. 1935).
    C.r. de *Rapt* de Kirsanoff.

*

BARBIER, Pierre, « Le Mystère de la pauvreté chez C. F. Ramuz »,
La Vie spirituelle, 25 avril 1935, pp. 333–9.

CHAVANCE, Louis, [c. r.,] *Toute l'édition*, 5 janv. 1935.
    C.r. de *Rapt* de Kirsanoff.

LAPIERRE, Marcel, « Un Admirable film de Kirsanoff d'après un
roman de Ramuz », *Bordeaux-ciné*, 21 sept. 1935, p. 6.

LOSKY, Gilbert, [c. r.,] *Commune*, n° 21, mai 1935, pp. 1038–41.
    Critique très acerbe de *Taille de l'homme*.

NOVY, Yvon, « *Rapt* par Dimitri Kirsanoff », *Le Jour*, 2 janv.
1935.

OGOUZ, P., [c. r.,] *Marianne*, 9 janv. 1935.
    C.r. de *Rapt* de Kirsanoff.

P., A., « *Rapt*, d'après C. F. Ramuz », *Comoedia*, 9 janv. 1935.

PRESMAN-FRIDMAN, H., « Ramuz », pp. 517-8 in *L'Encyclopédie
littéraire* [Moscou], O.G.I.2, t. 9, 1935.

REBOUX, Paul, « *Rapt*, du réalisme paysan et du meilleur », *Paris-
midi*, 6 janv. 1935.

ROUD, Gustave, « Visite à C. F. Ramuz », *L'Illustré*, 24 déc. 1935.

SAINT-ÉRIC, Éric, « *Rapt* », *La Griffe*, 6 janv. 1935.

TROLLIET, Gilbert, « *Taille de l'homme* par C. F. Ramuz », *Les Cahiers du Sud*, n⁰ 169, févr. 1935, pp. 148–50.

VERMOREL, Claude, « *Rapt*, film parlant français », *L'Intransigeant*, 1ᵉʳ janv. 1935.

VIDAL, Jean, [c. r.,] *Pour vous*, 3 janv. 1935.
C.r. du film *Rapt* de Kirsanoff.

1936

DUCHÁČEK, I., [c.r.,] *Lidové noviny*, 8 nov. 1936, p. 9.
Sur *Questions*.

NOULET, Émilie, « Ramuz : *Questions* », *Combat* [Bruxelles], 19 déc. 1936, pp. 297–301.

STEIBORN, W., « C. F. Ramuz », *Literatur* [Stuttgart], Nr. 39, 1936, pp. 69–73.

1937

FORMANOVA, E., [c.r.,] *Rozbledy po Literature a uměni*, 6, 1937, pp. 58-9.
Sur la traduction tchèque de *La Grande peur dans la montagne*.

GARDÈRE, Pierre, « Interrogations de Ramuz », *L'Ordre nouveau*, 1ᵉʳ mars 1937, pp. 25–33.

MATOUS, J., [c.r.,] *Lidové noviny*, 25 janv. 1937, p. 5.
Sur la traduction tchèque de *La Grande peur dans la montagne*.

NOULET, Émilie, « Ramuz : *Le Garçon savoyard* », *Combat* [Bruxelles], 17 juil. 1937, pp. 302-3.

NOVÁK, O., [c.r.,] *Lumir*, 63, 1937, pp. 549–52.
  Sur *Questions.*

1938

GUGGENHEIM, Werner Johannes, « C. F. Ramuz », *Neue Schwei-zerische Bibliothek*, n° 29, 1938, pp. 5–8.

RICHELMI, Floria, « Quelques minutes avec C. F. Ramuz », *La Pensée nouvelle*, juil. 1938, n° spécial : *" La Conquête de la joie"*, p. 1.
  Entretien avec Ramuz qui porte sur le retour à la nature, l'intérêt que les jeunes portent à la nature.

1939

(classement alphabétique des périodiques contenant des articles anonymes)

Lidové noviny
***, [c.r.,] 24 juin 1939, p. 7.
  Sur une traduction tchèque d'*Adam et Ève.*

***, [c.r.,] 19 août 1939, p. 7.
  Sur une traduction tchèque de *Taille de l'homme.*

*

BAL, Willy, « Verdeur du terroir », *La Terre wallonne*, t. XL, n° 238, juil. 1939, pp. 193–203.

BAL, Willy, « Le Régionalisme de C. F. Ramuz », *Tendances, littérature et art* [Liège], 15 févr. 1939, pp. 85–9.

FOMBEURE, Maurice, « C. F. Ramuz : *Si le soleil ne revenait pas* », *Jean-Jacques*, n° 34, 1er juin 1939, p. 3.

HELLENS, Franz, « À travers les livres », *Le Soir*, n° 58, 27 févr. 1939, p. 9.

LANDOT, R., « *La Séparation des races* de C. F. Ramuz au théâtre valaisan de Finhaut », *La Croix*, 1er août 1939.

NOVÁK, O., « Hartmann, Dr A. : C. F. Ramuz », *Časopis pro moderni filologii*, 24, 1938, pp. 468-9.
    C. r. de A. HARTMANN, *C. F. Ramuz. Mensch, Werk und Landschaft* [Bibl. B.V. 940].

VOX, Maximilien, « Tartarin chasseur de képi. De Ramuz... à Raimu », *Micromégas*, janv. 1939.

LA REVUE DES LETTRES MODERNES

(fondée en 1954)
fut à l'origine un périodique consacré à l'«histoire des idées et des littératures»
sous la direction de Michel J. MINARD.

Actuellement, cette collection se déploie principalement en un ensemble de monographies constituées de volumes indépendants répartis dans les Séries :

les carnets bibliographiques de la revue des lettres modernes. Dir. P. C. HOY † (1983–1993)

De façon complémentaire, par un retour aux sources de la *RLM*, les Séries de *l'icosathèque* (*20th*) — publication indépendante de 1974 à 1980 — poursuivent l'exploration critique du XXe siècle sous la direction de M. J. MINARD :

l'avant-siècle (temps de la genèse : 1870–1914) *le siècle éclaté* (dada, surréalisme, avant-gardes)
  le plein siècle (d'un après-guerre à l'autre) *au jour le siècle* (vers une nouvelle littérature)
  le «Nouveau Roman» en questions *l'intersiècle* (interférences et relations littéraires)

---

ce volume, édité par l'Association Éditorat des Lettres Modernes,
a été publié par la Société Lettres Modernes
67, rue du Cardinal-Lemoine, 75005 PARIS — Tél. : (1) 43 54 46 09

LA REVUE DES LETTRES MODERNES

===== TARIF =====

SOUSCRIPTION GÉNÉRALE à toutes les Séries existantes et à paraître
(chaque livraison comporte un nombre variable de pages, donc de numéros)

(tarif valable d'octobre 1993 à septembre 1994)

50 numéros **à paraître** : FRANCE - ÉTRANGER : **980 F**
+ frais de port
suivant zones postales et tarifs en vigueur à la date de facturation
France : **88 F** Étranger zone 1 (Europe, Algérie, Tunisie, Maroc) : **65 F**
zone 2 (autres pays) : **108 F** en septembre 1993

les souscriptions ne sont pas annuelles et ne finissent pas à date fixe

SOUSCRIPTIONS SÉLECTIVES :

Sans prendre une souscription générale, il est possible de s'inscrire pour une souscription
sélective à l'une des Séries afin d'être informé en temps voulu de la publication de chaque
nouvelle livraison pour pouvoir bénéficier et du prix de faveur valable avant parution
et du tirage limité des Carnets bibliographiques.

——————— **services administratifs et commerciaux** ———————
MINARD — 45, rue de Saint-André — 14123 Fleury-sur-Orne

cette livraison de la collection

LA REVUE DES LETTRES MODERNES
ISSN 0035-2136

a été servie aux souscripteurs abonnés
au titre des numéros 1115-1122

Carnet bibliographique
C. F. Ramuz

œuvres et critique
(1982–1988)

et compléments 1921–1939
à la bibliographie Bringolf-Verdan

éléments réunis par Gérard POULOUIN

ISBN 2-256-90927-1 (12/93)
MINARD 170F (12/93)

exemplaire conforme au Dépôt légal de décembre 1993
bonne fin de production en France
Minard 45 rue de Saint-André 14123 Fleury-sur-Orne